吕方兴 著

1张图分销管理

東方出版社

本书谨献给正在从事分销以及将要从事分销事业的所有同仁们！

目录

001　前言　分销业绩倍增之道

第一部分　关于分销

003　第一章　分销的本质

1-1　产品是如何卖出的 / 005

1-2　分销结构图 / 008

1-3　分销的定义 / 011

013　第二章　分销业绩提升的基本规律

2-1　蓄水池理论 / 015

2-2　Sell in / 018

2-3　Sell out / 019

2-4　分销业绩倍增路径图 / 020

第二部分　提升 Sell in

027　第三章　产品杠杆

3-1　流量产品 / 030

3-2　利润产品 / 033

035　第四章　销售杠杆

4-1　返利政策 / 037

4-2　折扣政策 / 043

4-3　提货奖励 / 046

4-4　首销政策 / 053

4-5　独家包销 / 057

4-6　买断销售 / 063

4-7　捆绑销售 / 067

4-8　价保政策 / 070

4-9　铺货销售 / 073

4-10　控货政策 / 077

4-11　销售竞赛 / 079

083　第五章　市场杠杆

5-1　广告支持 / 085

5-2　消费者促销支持 / 089

5-3　店主终端奖励支持 / 092

5-4　促销人员支持 / 096

5-5　终端物料支持 / 100

5-6　市场费用支持 / 104

109 第六章 人员杠杆

6-1 客情关系 / 111

6-2 谈判能力 / 116

6-3 库存管理 / 121

6-4 价格管控 / 125

6-5 窜货管控 / 128

6-6 回款管理 / 132

第三部分 拉动 Sell out

139 第七章 终端形象

7-1 产品陈列 / 141

7-2 POP 陈列 / 146

151 第八章 促销队伍

8-1 招聘 / 153

8-2 培训 / 157

8-3 考核 / 163

8-4 激励 / 169

175 第九章 店面人员

9-1 客情关系 / 177

9-2 店面培训 / 181

9-3 主推考核 / 187

9-4 终端奖励 / 192

9-5 销售竞赛 / 195

199 第十章 促销活动

10-1 路演促销 / 201

10-2 体验促销 / 206

10-3 赠品促销 / 212

10-4 价格促销 / 220

10-5 抽奖促销 / 225

230 吕方兴经典语录

前言 | 分销业绩倍增之道

“快速提升分销业绩，实现分销业绩倍增”，是每一个分销组织及从业者的梦想！

然而，在产品分销实践中，我们经常遇到以下困惑：

产品下货困难

1. 中间商对产品没信心，不愿提货或提得很少；
2. 中间商的资金被竞争对手占用，没有资金再提货；
3. 中间商不愿在该产品上被占用太多资金，所以提的货很少；
4. 上次进的货还有库存，卖得不好，中间商不愿再提货；
5. 产品同质化激烈，中间商不愿进货；
6. 利润太低，中间商不愿进货；
7. 窜货严重，中间商不愿进货；
8. 价格战激烈，中间商不愿进货；
9. 中间商已提窜货，故没法再进货。

由于以上各种原因，经常会出现中间商不愿进货，或提得很少，或不愿再次提货的情况，直接导致许多厂商/供货商的产品下货越来越困难，渠道覆盖率越来越低，库存越来越多，产品也鲜有面对消费者的机会，于是产品的销量也就越来越差，甚至有些产品会提前结束其生命周期。

终端销售受阻

1. 产品性价比不高，终端卖不动；
2. 产品同质化太严重，终端卖不动；
3. 终端形象很差，产品没人买；
4. 促销员意愿低，产品卖不好；
5. 促销员能力差，产品卖不好；
6. 店面主推竞品，产品没人卖；
7. 店面客情关系差，产品没人卖；
8. 店员产品知识不熟练，卖不好；
9. 终端促销活动太少，产品卖不动。

由于以上各种原因，经常会出现零售终端没人买、没人卖、卖不好或卖不动的情况，导致许多产品在终端的销售严重受阻，终端销售差，大大降低了中间商再提货的积极性，再次将厂商/供货商推到了下货难的艰难境地……

那么，我们该如何解决以上问题，如何突破以上瓶颈，怎样做才能快速提升分销业绩、实现分销业绩倍增呢？

俗话说得好，“洞察事物的本质，找寻事物的发展规律，你才能有所作为”。那么“分销”的本质是什么？“分销业绩提升”有哪些规律可循？我们又该怎样做才能快速提升分销业绩、实现分销业绩倍增呢？

多年的分销及管理实践，使得笔者深知“业绩”对于一个分销组织及个人的生存与发展意味着什么，也使得笔者对“如何提升分销业绩”陷入了深深的思考。终于有一天，笔者领悟到了分销的本质，并且发现了“分销业绩提升”的普遍规律，基于这种对事物本质的理解及其运行规律的把握，使得笔者成功地创造出了一套分销业绩管理理论——“蓄水池理论”，并在此基础上成功地创作出了“分销业绩倍增路径图”。这张图不仅能够帮助人们抓住分销的本质，把握“分销业绩提升”的基本规律，而且以1张图的形式为“分销业绩倍增”构建出了一个高效的系统化解决方案，从而能够帮助从业人员轻松提升分销业绩，快速实现分销业绩倍增。现在，笔者把它们集结成此书，以期能够帮助更多的分销组织与个人早日达成目标、实现梦想！

只要抓住本质、顺应规律，相信你一定能够获得成功！

吕方兴

2014年6月

第一部分　关于分销

第一章 分销的本质

分销就是一种通过中间商进行销售的营销模式。

如果你生产的产品是通过中间商到达消费者手中的，这种营销模式我们称之为分销模式。

对于一个分销商来说，如果其分销的产品是通过其他中间商到达消费者手中的，也称之为分销模式。

1-1　产品是如何卖出的

许多营销专家把产品分为两大类：第一类是消费品，第二类是工业品。

消费品是指由最终消费者购买并用于个人消费的产品，工业品是指那些为了进一步用于工业生产而购买的产品。而本书所研究的对象侧重于消费品。

此外，又有人把消费品分为快速消费品和耐用消费品两类。快速消费品一般是指消费者消耗较快、需要不断重复购买的产品，例如日化用品、食品饮料、烟酒、非处方药等产品；耐用消费品一般是指使用周期较长，一次性投资较大的产品，例如家电、家具、汽车等产品。

现在，无论你生产的是哪一种类型的产品，请想象一下你的产品是如何被卖出去的。

假如你生产的是手机产品，那么你的产品是如何被卖出的？

手机厂商—全国代理商—省级代理商—地级代理商—零售商—消费者

手机厂商—全国代理商—地级代理商—零售商—消费者

手机厂商—全国代理商—零售商—消费者

手机厂商—全国代理商—消费者

或

手机厂商—省级代理商—地级代理商—零售商—消费者

手机厂商—省级代理商—零售商—消费者

手机厂商—省级代理商—消费者

或

手机厂商—地级代理商—零售商—消费者

手机厂商—地级代理商—消费者

或

手机厂商—零售商—消费者

或

手机厂商—消费者

假如你生产的是洗发产品，那么你的产品是如何被卖出的？

洗发水厂商—全国经销商—省级经销商—地市批发商—零售商—消费者

洗发水厂商—全国经销商—地市批发商—零售商—消费者

洗发水厂商—全国经销商—零售商—消费者

洗发水厂商—全国经销商—消费者

或

洗发水厂商—省级经销商—地市批发商—零售商—消费者

洗发水厂商—省级经销商—零售商—消费者

洗发水厂商—省级经销商—消费者

或

洗发水厂商—地市批发商—零售商—消费者

洗发水厂商—地市批发商—消费者

或

洗发水厂商—零售商—消费者

或

洗发水厂商—消费者

那么，假如你生产的是香皂、洗衣粉、香烟、白酒、饮料、服装、箱包、水龙头、浴缸、橱柜、电冰箱、洗衣机、电脑、电视机等产品呢？

1-2 分销结构图

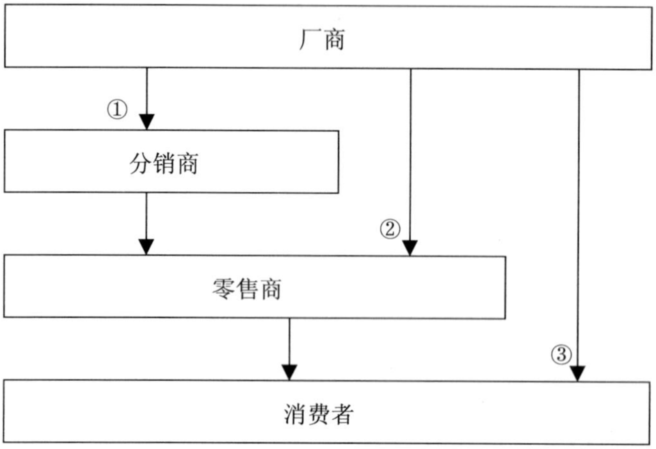

图 1-1 销售价值链

通过上一节内容，我们可以知道，一般产品销售有三种模式：

模式①：如图 1-1 中①所示，厂商—分销商—零售商—消费者。

模式②：如图 1-1 中②所示，厂商—零售商—消费者。

模式③：如图 1-1 中③所示，厂商—消费者。

上述模式①和模式②，我们统称为分销模式；模式③，我们称之为直销模式。

※备注：本书研究对象为分销模式。

分销整体结构：厂商—中间商—消费者

厂商：产品的生产者与制造者。

中间商：是指处在厂商和消费者之间的各级成员，包括各级分销商和零售商，它们同为分销价值链上的核心成员，有时也被称为（分销）渠道成员。

消费者：产品的最终购买者及使用者。

中间商结构：包含分销商和零售商

分销商：广义的分销商是指处在厂商和消费者之间的所有成员的统称，即分销商包括代理商、经销商、批发商和零售商；狭义的分销商是指处在厂商和零售商之间的所有成员的统称，即分销商包括代理商、经销商和批发商。有时分销商也等同于代理商、经销商或批发商。本书所指分销商均为厂商和零售商之间成员的统称。一般分销商会有多个层级，视具体情况可分为一级、二级、三级……

零售商：此处是指除厂商、分销商以外的将产品直接销售给最终消费者的中间商，是相对于生产者和批发商而言的，处于商品流通的最终阶段。零售商的店面也可称之为终端，零售商通常有有店铺与无店铺（线上与线下）、连锁店与单体店、专卖店与综合店、大店与小店之分。

分销商结构：包含代理商、经销商和批发商

代理商：是指受企业委托负责帮助企业寻找市场甚至帮助销售产品的企业或个人，一般是指赚取企业代理佣金的商业单位。

经销商：代表卖方经销卖方产品的中间商。

批发商：是指批量采购上一级供应商的产品，然后再批量卖给下一级需求者的经济实体。

1-3 分销的定义

分销的含义是建立销售渠道的意思，即产品通过一定渠道销售给消费者。

——西方经济学定义

分销渠道是指在某种商品或服务从生产者向消费者转移的过程中，取得这种商品或服务的所有权或帮助所有权转移的所有企业和个人。但是，它不包括供应商、辅助商等。

——菲利普·科特勒

分销渠道是指当产品从生产者到最后消费者或产业用户移动时，直接或间接转移所有权所经过的途径。

——爱德华·肯迪夫 & 理查德·斯蒂尔

分销就是一种通过中间商进行销售的营销模式。

——本书的定义

如果你生产的产品是通过中间商到达消费者手中的，这种营销模式我们称之为分销模式，如图 1-1 中模式①和模式②所示；如果你生产的产品未通过中间商而是直接到达消费者手中的，这种营销模式我们称之为直销模式，如图 1-1 中模式③所示。

同样，对于一个分销商来说，如果其分销的产品是通过其他中间商到达消费者手中的，也称之为分销模式，如图 1–2 中模式①和模式②所示；如果其分销的产品未通过其他中间商而是直接到达消费者手中的，也称之为直销模式，如图 1–2 中模式③所示。

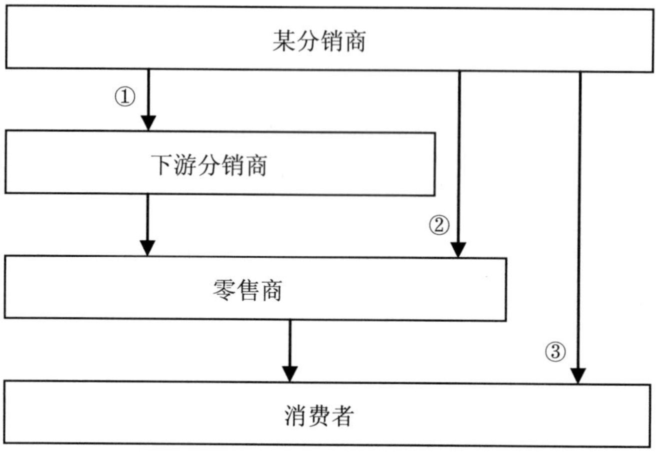

图 1–2 分销商的销售价值链

第二章 分销业绩提升的基本规律

当中间商进货量刚好等于终端出货量的时候，而中间商的库存保持不变（假定为满库存——合理库存），就可以保证市场上有足够的货卖，并且产品的销售也会源源不断、十分顺畅。

2-1　蓄水池理论

在分销结构图中，厂商与消费者之间仿佛是一个巨大的蓄水池，分销渠道也完全可以比作是一个由进水管、蓄水池和出水管组成的大型水管管道，如图2-1所示。厂商与中间商之间是管道的总进水口，蓄水池中的蓄水量代表中间商的库存量，中间商与消费者之间则是管道的最终出水口。

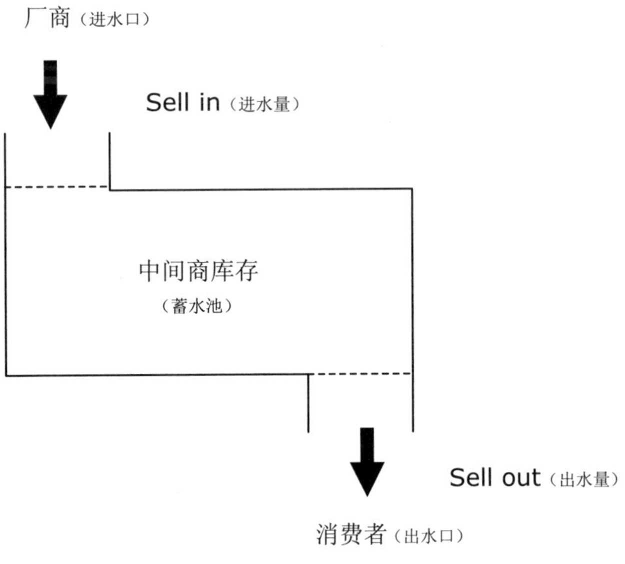

图2-1　分销渠道

Sell in：是指管道的总进水量，也指蓄水池的进水量，分销中指的是中间商的进货量，即中间商从厂商购买的产品总量，本书简称为“中间商进货量”。（此处的中间商是各级分销商及零售商的统称，泛指各级分销商或零售商，根据分销模式的不同也可特指某一级分销商或零售商）

Sell out：是指管道的总出水量，也指蓄水池的出水量，分销中指的是中间商的出货量，即中间商卖给消费者的产品总量，也指在零售终端卖给消费者的产品总量，本书简称为“终端出货量”。

※备注：本书中的分销术语“量”指的是“数量或金额”。

当管道的进水口打开后，也就是分销中产品开始下货后，在实践中，我们经常会遇到以下三种情况，如图 2-2 所示。

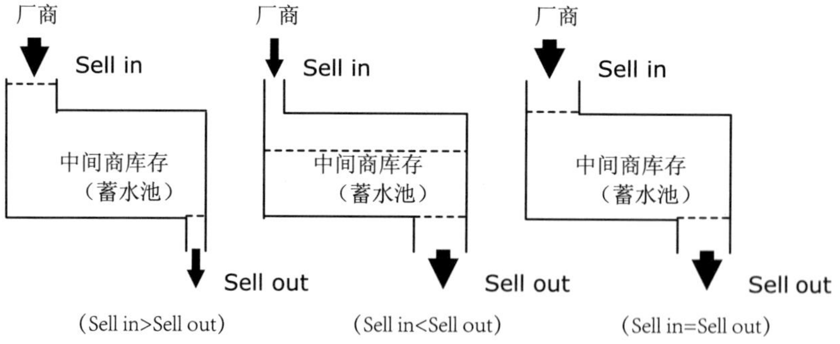

图 2-2　分销渠道三种情况

Sell in>Sell out

当进水量大于出水量的时候，水就会不断地回流并溢出进水管，即当中间商进货量大于终端出货量的时候，产品的销售就会受阻，产品再次下货就会出现困难，甚至会最终回流到厂商，成为厂商的积压库存。

Sell in<Sell out

当进水量小于出水量的时候，蓄水池的蓄水量就会不断下降，即当中间商进货量小于终端出货量的时候，中间商的库存将会不断下降，甚至会造成市场上的产品不够卖，更甚者会出现断货的现象，自然就会减少产品的销售量。

Sell in=Sell out

当进水量等于出水量的时候，蓄水池的蓄水量会维持不变（假定为满量），水流也会顺畅，即当中间商进货量刚好等于终端出货量的时候，中间商的库存会保持不变（假定为满库存——合理库存），就可以保证市场上有足够的货卖，并且产品的销售也会源源不断、十分顺畅。在此基础上，若能再同时增加进货量与出货量，产品的销量就可以获得快速、持续、稳定的增长，产品的生命周期也可以得到无限延长。

※备注：蓄水池理论同样也适用于那些采取分销模式的分销商。

所以，Sell in 和 Sell out 是实现分销目标、提升分销业绩的两大关键点，同时也是（一切）分销管理的核心。

2-2 Sell in

根据上一节内容，我们知道 Sell in 指的是中间商进货量，即中间商从厂商/供货商购买的产品总量。在此，Sell in 要解决的是产品上柜、产品覆盖、产品下货（提货）及其金额或数量等问题。试想一下，如果没有 Sell in，即中间商不提货，厂商/供货商下货困难，产品都不能上柜，还能谈得上销售吗？如果 Sell in 很少，即中间商提货量很少，库存也极少，那么产品的销售还会好吗？我们又怎么能提升销售业绩、实现销售目标呢？

※备注：本书中的“供货商”特指那些采取分销模式的分销商。

所以，要想实现分销目标、提升分销业绩，首先要提升 Sell in。

2-3 Sell out

根据蓄水池理论我们知道，Sell out 指的是零售商的出货量，即零售商卖给消费者的产品总量（终端出货量）。没有 Sell out，就没有 Sell in，如果终端卖不动，试想一下，中间商还会再进货吗？如果 Sell out 很少，或 Sell out<Sell in，那么中间商还有信心囤货吗？中间商既不愿进货、也不愿囤货，那么我们产品的销量又该如何提升？我们的销售目标又该如何实现呢？

随着分销渠道的扁平化发展，分销渠道不断下沉至终端，终端将成为厂商/供货商必争之地，终端的竞争也会越来越激烈。Sell out 是终端销售的代名词，Sell out 的多少会直接影响到 Sell in 的多少，最终会影响产品的总体销售量。

通过上一节内容我们知道，要想实现分销目标、提升分销业绩，首先要提升 Sell in。然而即使有了 Sell in，如果没有 sell out 或 sell out 很少，同样也会阻碍产品的下货，进而影响产品的最终销售量。所以，拉动 Sell out 是实现分销目标、提升分销业绩的又一大关键点。

2-4 分销业绩倍增路径图

经过对多年分销实践的总结，笔者创造出了一张“分销业绩倍增路径图”，该图能够清晰地说明如何通过“提升 Sell in”和“拉动 Sell out”快速提升分销业绩，实现分销业绩倍增。具体如下：

如何提升 Sell in（中间商进货量）

提升 Sell in 可以使用以下四个杠杆：

1. 产品杠杆：通过好的产品撬动中间商提货或多提货

在分销实践中，通常有两类产品是中间商比较喜欢并且愿意积极提货的产品：第一类是流量产品，是指流速比较快、销量也比较大的那些产品；另一类就是利润产品，是指能给中间商带来较大利润的那些产品。

2. 销售杠杆：通过好的销售政策吸引中间商提货或多提货

在分销实践中，通常可以使用返利、折扣、奖励、首销、包销、买断、捆绑、价保、铺货、控货、竞赛等销售杠杆吸引中间商提货或多提货。

3. 市场杠杆：通过好的市场政策激励中间商提货或多提货

在分销实践中，通常可以通过广告支持、消费者促销支持、终端店主奖励支持、人员支持、终端物料支持、市场费用支持等市场杠杆激励中间商提货或多提货。

4. 人员杠杆：通过好的销售人员说服中间商提货或多提货

在分销实践中，通过优秀的销售人员也能说服中间商提货或多提货。然而，要想成功说服中间商提货或多提货，作为一名优秀的分销型销售人员，需要做好以下几件事——客情关系、库存管理、价格管理、窜货管理、回款管理、谈判能力。

如何拉动 Sell out（终端出货量）

拉动 Sell out 需要做好以下四件事：

1. 终端形象：通过终端形象建设与维护，提升产品的终端销量

在分销实践中，终端形象是指产品在终端（零售店）的整体形象。终端形象是影响产品终端销量的重要因素，终端形象建设与维护主要包括产品陈列、POP 陈列等内容。

2. 促销队伍：通过构建强大的促销队伍，提升产品的终端销量

在分销实践中，促销队伍强大与否，是影响产品终端销量的重要因素。促销队伍建设与管理包括招聘、培训、考核、激励等内容。

3. 店面人员：通过发动店面人员的力量，提升产品的终端销量

在分销实践中，店面人员是否主推、是否熟知产品，是影响产品终端销量的重要因素。发动店面人员销售包括客情关系、店面培训、主推考核、终端奖励、销售竞赛等内容。

4. 促销活动：通过开展消费者促销活动，提升产品的终端销量

在分销实践中，是否有终端（消费者）促销活动，是影响产品终端销量的重要因素。终端促销活动包括路演促销、体验促销、赠品促销、价格促销、奖品促销等。

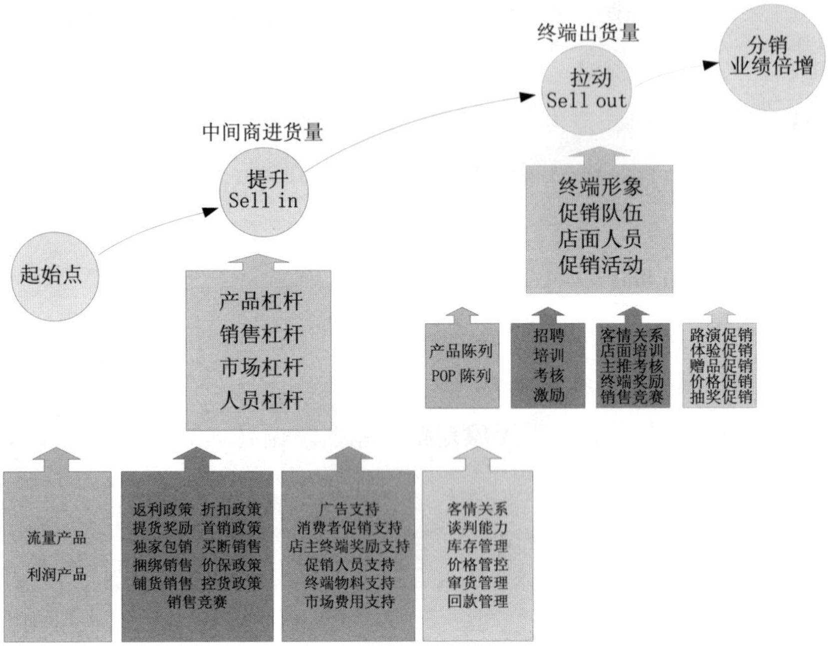

图 2-3 分销业绩倍增路径图

第二部分　提升 Sell in

提升 Sell in 可以使用以下四个杠杆：

产品杠杆：通过好的产品撬动中间商提货或多提货。

销售杠杆：通过好的销售政策吸引中间商提货或多提货。

市场杠杆：通过好的市场政策激励中间商提货或多提货。

人员杠杆：通过好的销售人员说服中间商提货或多提货。

第三章 产品杠杆

无论是分销商还是零售商，它们个个都是经营实体，而经营实体首先都需要解决现金流问题——就是如何才能让企业一直活着。

销售部：当我们的产品销售顺畅、利润足够的时候，客户备货也会充足；反之，他将对我们的产品进行减少订货、控货甚至下柜处理。

市场部：如果产品本身性价比低，或质量不好，或没有独特的卖点，那是没有人愿意提货的。

客户代表：如果我们的产品，在客户看来不再是以前的利润产品了，客户对产品的认可度低了，那么，无论怎么说、怎么渗透，都是无用功。

客户代表：由于某一品牌内部的某些型号的产品功能甚至外观相当的相似，所以客户只会选择一款产品，也成为不能达成覆盖的原因。

客户代表：这么多的品牌，这么多的产品，难免会出现雷同的现象，所以客户为了减少投资、降低库存，必然会割舍部分产品的上柜。

促销员：卖点突出，差异化明显。在当前众多的同质化产品中，经销商所选择的产品要尽可能凸现个性，不要光为了贪图低折扣率、大价差而迷失方向。诚然，进货价低、派送赠品、无偿退换货、派人全程监控等值得动心，但相比产品自身的核心利益都是表象。现在的市场竞争十分激烈，如果选择的产品没有什么特色，今后的市场运作将极其艰难，最好三思而后行。退一步讲，假使产品个性上有明显优势，也要使优势在第一时间让人充分感受到。

促销员：至于有些产品价值不大，但价格高得离谱，则说明了厂家急功近利的心态，其结果必然要受到市场的惩罚。碰到这种情况，赶紧敬而远之。

在分销实践中，通常有两类产品是中间商比较喜欢并且愿意积极提货的产品：第一类是流量产品，是指流速比较快、销量也比较大的那些产品；另一类就是利润产品，是指能给中间商带来较大利润的那些产品。

3-1 流量产品

流量产品，是指流速比较快、销量也比较大的那些产品，更通俗的说法就是长着腿自己就会跑的产品，通常是一些低端产品。流量产品通常具有单品价格较低、产品性价比高、产品外观或功能新颖独特、品牌知名度强等特征。这样的产品，通常大多数消费者都愿意买，也买得起，而且会有很多消费者主动前来购买，中间商不需要花费太多力气就能卖得很好。

无论是分销商还是零售商，它们个个都是经营实体，而经营实体首先都需要解决现金流问题——就是如何才能让企业一直活着。现金流对于大多数经营实体来说，就好比人体中的血液，如果血液不够或循环受阻，人体就会面临死亡的威胁，一旦血液不再循环，那就会真正死亡。同样，现金流不够或流动不畅，企业就会面临死亡的威胁，一旦没有现金流，就会出现资金链断裂，不得不死亡。这也是大多数企业经营不下去的一个最主要的原因。

然而，在分销中，大多数中间商的资金流向都是“先付后收”，即先向上家付钱买货，后向下家卖货收钱。这样就会占用自己的资金，生意越大占用的资金就越多。如果没有融资渠道或出现融资困难，那么就只有依靠产品销售的回款再进货，才能保证公司的运转；如果产品销售速度慢、数量少，那么将会面临现金流断裂的危险，甚至死亡的威胁。对于一些大型的连锁企业，就算它们能够做到“先收后付（账期）”，或融资能力强，但是如果产品销售速度慢、数量少，同样会面临资金回笼慢且少的问题，一旦账期或还款日到期，同样会面临现金流断裂的危险，甚至死亡的威胁。

流量产品流速快、销量大，能够为中间商带来巨大的现金流，是中间商持续经营的重要依靠。同时，对分销商而言，流量产品能够丰富自己的产品线，并且巩固自己的分销地位及对零售店的吸引力。对零售商而言，流量产品不仅能够丰富自己的产品线，还能聚拢足够多的人气，进而带动店铺其他产品的销售，从而提升整体销售额。

中间商对流量产品都趋之若鹜，除了愿意积极进货，更愿意囤货，甚至会增加更多库存。所以，在厂商或供货商的产品线中，这样的流量产品不可或缺。

案例

A公司（通讯）产品结构图

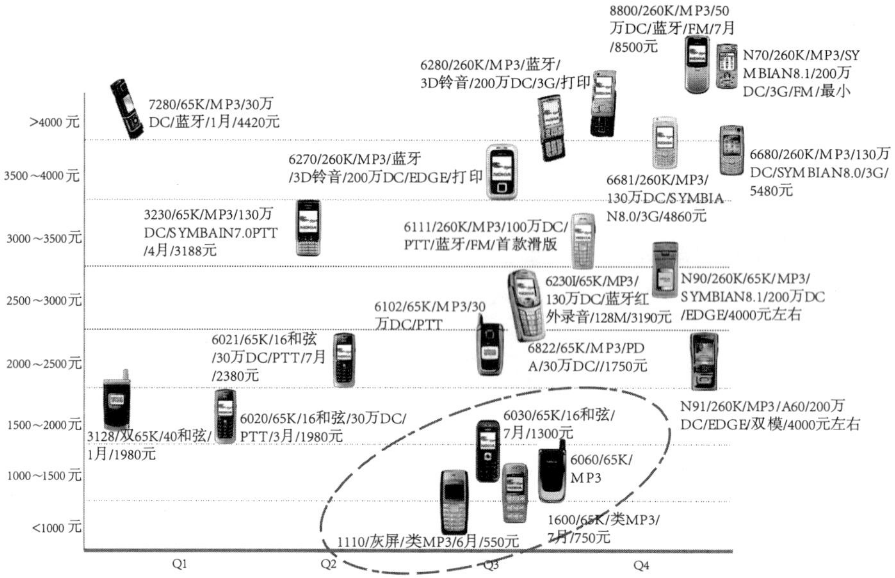

3-2　利润产品

利润产品，是指那些能给中间商带来较大利润的产品，即单品毛利较高的产品，通常是一些中高档产品。利润产品具有单品价格较高、外观时尚、功能强大、品牌知名度高等特征。这样的产品，通常目标客户群为中高端消费者，他们大多都有购买欲望及能力。中间商销售这样的产品所获得的毛利相当于其他产品的好多倍。

除了保持经营，中间商还必须考虑第二个问题——如何赚取更多的钱，即如何实现利润最大化。对于一个中间商来说，股东的投入需要获得回报，企业的“扩大再生产”也需要更多的资金投入。因此，赚取更多的利润，不仅能为股东创造更多价值，还能帮助企业不断扩大规模，获得更大的发展。

在分销中，对于一个中间商来说，其经营利润通常来自其所销售的产品，即

利润=∑产品毛利-其他成本（进货成本除外）-费用+额外利润

因此高毛利产品能够为中间商贡献更多的利润。

中间商对高毛利产品情有独钟，不仅会主推，还会保持一定的合理库存，并愿意积极进货。所以，在厂商或供货商的产品布局中，一定要有这样的利润产品。

案例

B 公司（建材）产品结构图

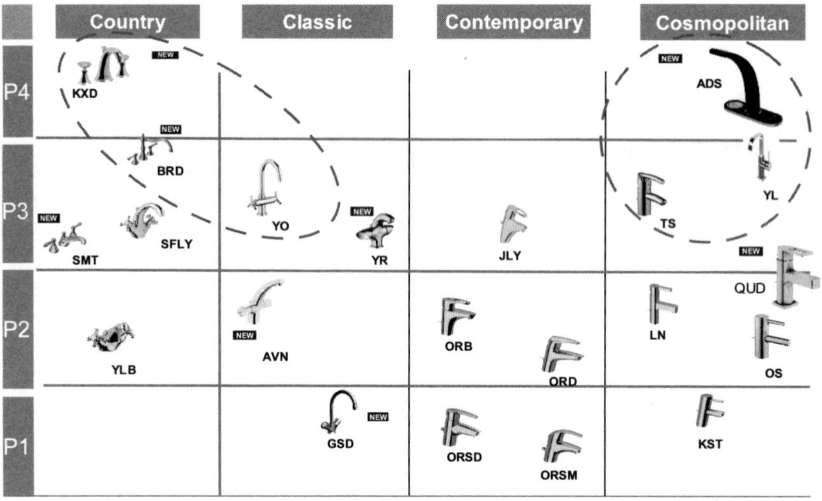

第四章 销售杠杆

在分销实践中，通常可以使用返利、折扣、奖励、首销、包销、买断、捆绑、价保、铺货、控货、竞赛等销售杠杆吸引中间商提货或多提货。

市场部：我司政策不支持，客户不愿多进货，如财务政策、销售政策、市场政策等。

商务部：对于那些难以热销的产品，要多给客户优惠，包括销售政策和终端的礼品，以调动客户的积极性。

客户代表：客户的库存是否合理，门店库存是否合理，利润是否能保证，是关键。

客户代表：对于新产品上市，考虑采用差异化操作方式，对于二线品牌或者非大众化产品可以不去求大求全，选择重点区域重点客户，集中突破。这样一方面可以利用首销的资源拉近与重点客户的关系，另一方面在首销成功后可以带给其他客户良好的示范效应。

客户代表：给客户信心，让客户重新认识品牌，靠销售政策牵引。

4-1 返利政策

返利是大多数厂商或供货商常用的一种销售激励政策。返利是指除正常产品毛利以外，厂商/供货商对中间商销售其产品的行为给予的一种额外的滞后补贴或奖励。

返利一般分为销量返利与过程返利。销量返利通常是指因中间商提货而给予的返利；过程返利则是指中间商为产品的市场推广、促销、售后服务等努力而获得的返利。销量返利通常又分为基本返利与达量返利；过程返利通常又包括市场返利、促销返利、售后服务返利等。返利按时间可以分为月度返利、季度返利、年度返利，按返还形式可分为现金返利、货物返利。

基本返利是指对于产品的每次提货（*无论多少*），厂商/供货商都会给予中间商一个固定比例金额的奖励。无论数量或金额，每次提货都给予一笔固定比例的返利，对促进中间商提货作用不大。基本返利只是厂商或供货商对中间商的一种控制手段，因为有了返利在手里，就可以更好地管控中间商的乱价、窜货等不规范的行为。

达量返利是指对于产品在一定时间周期内的提货量，厂商或供货商往往会给中间商制定一个目标值或多个阶梯目标值，如果中间商的提货量达到这个目标值或某个阶梯目标值，厂商或供货商就会给予一定比例金额的额外奖励，阶梯目标值越大，相应的比例就越高，即返利就越多。

“返利”是销售政策中不可或缺的内容，也是中间商十分关心的内容。对于中间商来说，如前所述，其经营利润=Σ产品毛利-其他成本（进货成本除外）-费用+额外利润，而返利就是一种额外利润（纯利），因此返利能够增加其总的经营利润。所以，面对返利，大多数中间商总会想方设法努力拿到。

本质上，达量返利就是针对一定期限内累计销量而制定的。为了能顺利拿到返利，中间商就不得不按厂商或供货商的返利政策规定进货，一旦确定要争取拿到返利，他们就会积极并努力销售，以实现在规定的时间内提完该提的货。这样，就可以吸引中间商进货或多进货。

在分销实践中，达量返利常常是促进中间商进货或多进货的有力工具。许多厂商或供货商为了激励中间商多进货，往往会制定出很有吸引力的达量返利政策。在这些政策当中，返利比例相当的高，返利金额也很大，面对巨大的利益诱惑，许多中间商不得不甘拜下风、俯首称臣。

案 例

C公司（通讯）返利政策

——C公司月度客户返利政策

C公司根据客户销量及提升计划制定客户月度提货总目标，并根据提货目标达成率情况给予客户相应的月度返利政策。

一、月度返利的计算方法

月度返利金额＝当月返利机型的提货数量×提货单价×返点%

二、月度返利考核公式

1. 全系列机型月度提货总目标达成率大于 100%，返利金额 ＝ 当月返利机型的提货数量×提货单价×3%；

2. 全系列机型月度提货总目标达成率为 80%～100%，返利金额 ＝ 当月返利机型的提货数量×提货单价×3%×全系列机型月度提货总目标达成率；

3. 全系列机型月度提货总目标达成率小于 80%，无返利。

三、特殊说明

1. 所有客户必须按照 C 公司指定的价格出货。

2. 特价、买断等特殊销售形式型号不参与返利政策。

3. 月度返利以客户再提货冲抵货款的形式兑现，兑现时间为每月核算点之后的 1 个月内。

4. 具体参与返利政策的产品型号及其提货单价见型号明细销售政策。

案 例

D 公司（IT）返利政策

——D 公司季度代理商返利政策

D 公司根据代理商授权区域内的经济发展条件和市场状况，对代理商全年的回款数额提出目标任务，并分解到合作期间的每一个月，再根据每个季度代理商完成目标任务的情况给予相应的季度返利政策。

一、季度返利计算方法

$$Q=S\times P$$

式中 Q——季度销售返利；

S——代理商季度累计进货额；

P——代理商享受的季度返利台阶，共分五级，确定标准如下：

台阶	回款情况 S	台阶 P
第一级	销售额达到××万元	×个点
第二级	销售额达到××万元	×个点
第三级	销售额达到××万元	×个点
第四级	销售额达到××万元	×个点
第五级	销售额达到××万元	×个点

二、特殊说明

1. 代理商若不能完成销售任务的最低回款额，将不给予返利。

2. D公司将与代理商对季度报表内容进行核对，包括核对产品型号、数量、金额等。

3. 代理商季度返利以产品方式兑付，兑付时间为每季度核算点向后1个月以内。

4. 特单销售额只计入任务量，不给予返利。

案例

E 公司（建材）返利政策

——E 公司年度经销商返利政策

E 公司根据经销商年度的提货情况，给予经销商相应的年度返利政策。

1. 经销商在 12 月 31 日前提货额达到其合约的 90% 年含税总提货额，则享受全年实际税后总提货额 1% 的返利，返利随超额递增，在以下条款规则下享受年税后总提货额最高不超过 10% 的返利。

2. 年度返利在全年实际税后总提货额基础上按以下级差计算：

全年实际含税总提货额（基于经销价）	年度返利
<90%	0%
≥90%	1%
≥100%	4%
≥110%	6%
≥120%	10%

3. 全年年终返利以实际税后总提货额为基础计算，税后指扣除增值税额之提货额。

4. 年终返利 = 实际年税后总提货额×年度返利。

5. 实际税后总提货额不包括样品和无返利订单额。

6. 年终返利须至协议期满后方可执行。

7. 年终返利将在下一年第一季度书面通知经销商，并在得到书面通知日起2个月内的订单中以产品冲抵给经销商。

8. 如果含税总提货金额达不到签订指标的90%，则无年度销售返利。

4-2　折扣政策

折扣是厂商或供货商对中间商进行的一种让价（优惠）政策，对于以折扣的方式进行价格结算的生意模式，厂商或供货商通常会使用达量折扣政策，以鼓励中间商提货或多提货。

达量折扣是指对于产品的单次提货量，厂商或供货商往往会给中间商制定多个阶梯目标值，如果中间商的提货量达到某个阶梯目标值，厂商或供货商就会给予相应的进货折扣，阶梯目标值越大，相应的进货折扣就越低，即中间商的进货价就越低。

提货量越大，进货折扣就越低，也即是产品的进货价降低，结果产品的毛利就会增加。提升产品的毛利是所有中间商都梦寐以求的，面对激烈的市场竞争，降低进货价不仅能够帮助中间商降低成本、提高利润，还能为中间商带来更多竞争优势。

在分销实践中，面对厂商或供货商的达量折扣政策，大多数中间商都会经不起诱惑，甚至会想尽一切办法去努力达成提货目标，从而获得更多利益。于是，折扣也就成为许多厂商或供货商激励中间商提货或多提货的一项重要销售政策。

案例

F公司（建材）折扣政策

对于零售订单，F公司根据经销商单次提货量的多少，给予经销商相应的提货折扣政策。

一、进口产品

单次出货量（人民币）	折扣	运费
<20万元	×0.55	运费由经销商自理
≥20万元	×0.5	运费由F公司承担

二、合资产品

单次出货量（人民币）	折扣	运费
<15万元	×0.55	运费由经销商自理
≥15万元	×0.5	运费由F公司承担

案例

G公司（服装）折扣政策

对于加盟商，G公司视客户单次提货量的多少，给予客户相应的提货折扣政策。

单次提货量 P（人民币）	折扣
$P<8$ 万元	×0.4
8 万元 $\leqslant P<10$ 万元	×0.38
$P\geqslant 10$ 万元	×0.35

4-3 提货奖励

提货奖励是指根据中间商的单次或累计提货量，给予相应奖励的一项销售政策，是厂商或供货商最常用的一种销售激励政策，目的在于激励中间商提货或多提货。通常厂商或供货商使用最多的就是达量提货奖励，而且奖励的形式也多种多样，包括现金、产品、其他实物、旅游等。

达量提货奖励是指对于产品的单次或在一定时间周期内的提货量。厂商或供货商往往会给中间商制定一个目标值或多个阶梯目标值，如果中间商的提货量达到这个目标值或某个阶梯目标值，厂商或供货商就会给予相应的提货奖励，阶梯目标值越大，相应的提货奖励就越多。

在众多提货奖励中，现金奖励最为诱人，它能直接成为中间商的额外利润；其次是产品奖励，有时也称货品奖励，奖励的产品被销售出去后也能成为中间商的额外利润；而其他一些实物奖励、旅游奖励等，也能给中间商带来物质与精神上的双重满足感。

在分销实践中，厂商或供货商使用最多的就是提货奖励，而且形式多种多样。面对厂商或供货商形式多样的提货奖励，又在强大的利益驱使及精神满足的需求上，众多中间商也越来越青睐于厂商或供货商的提货奖励政策，甚至有的中间商还会钟情于现金和产品奖励，因为对他们来说，这也许是最简单、最容易，也是最好的增加额外利润的机会。因此，为了能够拿到奖励或拿到更多的奖励，大多数中间商都会积极提货，甚至还会想尽一切办法去提更多的货。

案例

H 公司（IT）提货奖励政策

——H 公司月度经销商提货奖励政策

一、活动对象

全国渠道经销商

二、活动时间

3 月 1 日—3 月 31 日

三、活动产品

P 系列产品（P1、P2、P3、P4、P5）

四、活动内容（A 和 B 可同时享受）

A．累计提货奖励

渠道提货代理在以上活动期间内，从我司各地分公司提购产品达到以下标准，即可得到相应礼品奖励：

累计提货量为 x，$x \geq 5$ 台，即可获得负离子空气清新机 1 部，多提多得；

累计提货量为 x，$x \geq 10$ 台，即可获得有氧健身脚踏车 1 部，多提多得；

累计提货量为 x，$x \geqslant 30$ 台，即可获得名牌手机 1 部。

B. 新代理提货奖励

根据我司商务出货数据，首次与我司合作的提货代理，提购上述活动产品，均给予精美礼品一份，多提多赠。

五、奖励活动申明

1. 所有提货没有任何价格保护，必须遵守我司规定的价格体系；
2. 所有奖励须在正常账期内回款（以我司系统数据为准）方可享受，否则取消奖励资格；
3. 经销商提货数字以我司商务数字为准；
4. 经销商应遵守我司的财务、销售等相关规定，否则将不予兑现；
5. 大单及特殊价格支持交单不计入本次奖励；
6. 礼品有限，先达先得。

案 例

I 公司（饮料）提货奖励政策

——I 公司 Q 产品上市铺货政策

一、活动目的

迅速将 Q 产品铺至售点销售，抓住夏季即饮包装销售旺机。

二、活动范围

X、Y、Z 城市

三、目标渠道

直营独立超市/学校/网吧+ODP 下线 GT/学校/网吧/独立超市

四、目标客户

2000 家

五、活动时间

6 月 1 日—6 月 13 日

六、活动套餐

一次性进 2 箱 450mL Q 产品送 3 瓶 450mL Q 产品

七、预估销量

4000PC

八、执行指引

——直营独立超市，挂价执行；

——ODP 下线客户，凭 MM 系统内数据进行后补折让至 ODP 合作伙伴。

九、费用预估

450mL Q 产品 500 箱×25.58 元/箱=12790 元。

案例

J公司（日化品）提货奖励政策

——J公司新品上市经销商进货奖励计划

一、目的

鼓励经销商进新品并加快新品推动

二、奖励产品

BF、IF、HK、PF

三、执行对象

GT通路经销商

四、执行时间

3月10日—4月25日

五、执行方式

所有新品在活动期间累计进货达到规定数量，奖励相应坎级金额的产品，具体坎级及奖励条件如下：

累计进货数	奖励产品的金额（元）	奖励相应产品
25箱	140	1箱B338RCXF或B64AF
50箱	300	2箱B338RCXF或B64AF
100箱	700	5箱B338RCXF或B64AF
200箱	1500	10箱B338RCXF或B64AF
500箱	4000	28箱B338RCXF或B64AF

1）累计订满25箱方可享受奖励；

2）累计奖励的订单中每个SKU最少需订满2箱；

3）各坎级可累计计算奖额。

案例

K公司（IT）提货奖励政策

——K公司G产品代理商季度提货奖励政策

一、活动对象

全国代理商

二、活动时间

××年2月1日—4月30日

三、活动内容

A. 新进伙伴奖

对于初次合作的代理商，2—4月间G产品累计提货数量达到20台以上（含20台），给予2500元的等额现金奖励。

B. 提货台数奖

2—4月期间，G产品提货累计数量达到40台以上（含40台），给予5500元的等额现金奖励。

四、奖励核算

1. 提货奖励以正常出货价做为核算目标，特价提货不享受此奖励计划。

2. 我司将以我司系统数据做为活动奖励依据。

五、奖金公示

奖励计算完成后，于 4 月份第 2 周内在我司官方网站就奖励名单信息进行公示，并接受奖励相关问题反馈。

六、奖金发放

季度奖等额现金奖励将在 5 月份核算完成后发放。

4-4　首销政策

首销政策一般只适用于新产品上市，是厂商或供货商在新品上市时，在某个区域内选择某些特定的中间商，给予其在一定时间周期内的产品首销权，即在新产品上市的一定时间周期内，厂商或供货商只给这些选定的中间商供货，而对其他中间商则暂不给予供货的一项销售激励政策。

在首销期内，厂商或供货商一般对中间商的销售价格不进行干涉，获得产品首销权的中间商，因为市场上没有同类产品或同类产品很少，所以没有市场竞争或市场竞争不激烈，于是就可以抬高其销售价格，利用首销政策获取最大的产品销售利润。

在分销实践中，新产品上市时，很多厂商或供货商都会采用首销政策，通常首销期为 1 个月，即在新产品上市的 1 个月内，中间商可以获得相应产品的首销权，因为首销可以避免或减少竞争，从而获得更大的利益，所以中间商会积极提货，甚至会尽可能地多提货，以获取更多的利润。

案例

L公司（IT）首销政策

——L公司U产品客户首销政策

一、区域

B城市

二、首销客户

C经销商

三、首销期

1个月

四、价格政策

指导零售价5980元/台，经销商毛利≥1600元/台

五、目标提货量

100台

案例

M公司（通讯）首销政策

——M公司T产品上市客户首销协议书

甲方：M公司

乙方：××客户

T 产品为 M 公司 2008 年度第一款高端产品，为了保障该产品的终端销售，使得甲乙双方取得共赢，特制定本协议：

一、甲方承诺在该产品上市 15 天之内在________区域内向乙方（重点/独家）供货；

二、乙方首批提货不低于__台，上市前 15 天的日均销量不低于____台，15 天终端总销售目标为________台（乙方必须每日向甲方当地管理人员汇总终端销量，确保甲方采集数据的准确性）；

三、乙方承诺在产品上市时在其零售店内重点宣传以及主推 T 产品，且提供如下支持：

1. 乙方必须在宣传媒体（报广、夹页、DM 传单、单张）上重点突出 T 产品上市，其中上市前后两周内预计投入如下：

报广____次；

夹页____次；

DM 传单 ____次。

2. 所有上柜店乙方必须保证有 1 张 T 产品灯片位置，制作费用由甲方支出。

3. 乙方在参加首批上市的零售店至少保证 1 处上市宣传条幅位置，甲方负责支付条幅制作费用或提供条幅。

4. 乙方在参加首批上市的零售店之内显著位置（入口、玻璃橱窗处、专区专柜）至少有 1 个 X 展架或易拉宝。

5. 专区内至少张贴手写海报 1 张。

6. 专区专柜上必须有单页明显摆放。

7. 专柜上必须陈列台卡 1 个、信息卡 1 张。

8. 必须支持我司其他 T 产品相关物料的摆放和陈列。

9. 必须在上市 1 个月之内将 T 产品列为零售店主推机型，给店员制定明确任务量以及考核奖惩办法。

四、乙方承诺产品上市后零售价严格遵循甲方规定，不得随意变动，否则甲方将停止优先供货给乙方。

五、为支持乙方的终端推广活动，甲方承诺如乙方能按时完成甲方首销期内终端任务目标，甲方将向乙方提供市场支持费用____元/台，此费用以返利形式兑付，兑付参照数据为乙方当期终端实际销售数量（以甲方 PSI 录入实际数据为准）。

附：乙方上柜零售店名单，共____家

具体名称：

____

____

____

____

甲方：	乙方：
代表：	代表：
日期：	日期：
盖章：	盖章：

4-5　独家包销

独家包销是指厂商或供货商授权某一中间商在一定区域内独家销售其某一特定产品的一种销售激励政策。

独家包销根据分销类型不同通常可分为三种：第一种是差异化独家包销，即厂商或供货商将自身不同产品专门分配给不同的中间商进行独家销售；第二种是聚焦化独家包销，即厂商或供货商将自身某一产品集中交由某一实力强劲的中间商进行独家销售；第三种是定制化包销，即厂商或供货商根据某一中间商的特定需求，专门为其量身定做出一款产品，供其独家销售。

独家包销可以提升中间商的知名度，提高其在分销价值链中的地位；可以使其在产品销售过程中没有竞争对手，避免陷入残酷的市场竞争；能够帮助稳定产品的市场价格，减少价格战的发生；能够帮助中间商获得稳定的收益。

在分销实践中，通常厂商或供货商在实施独家包销的政策时，会对中间商的产品提货量提出明确要求：首先会规定一个首批提货量；其次对以后每一次的提货量也会提出一个具体的要求。于是，为了能够成为厂商或供货商的独家包销商，享受独家包销政策的收益，许多中间商每次就会按照厂商或供货商要求的提货量提货。

案例

N公司（食品）独家包销政策

——N公司V产品区域经销商独家包销政策

1. V产品为A经销商独家销售，其包装、规格、口感等产品特点由经销商确定。

2. 经销商一次性交纳产品保证金5万元，以确保该产品包销到位。

3. 该系列品项A经销商每月销量不得低于30万元，连续3个月累计达成率低于100%，公司有权取消该产品专销权利。

4. 该产品价位由双方根据市场情况确定。

5. 在可能的情况下，经公司同意，A经销商可向公司指定的相邻其他销售区域销售，但须完成相应的指标量。

案例

O公司（IT）独家包销政策

——O公司W产品独家包销合作协议书

甲方：<u>　　　　　O公司　　　　　</u>

乙方：<u>　　　　　××代理商　　　　　</u>

本着长期合作、互利互惠的原则，甲方就乙方在指定区域内独家包销甲方的W产品达成如下协议，以资共同遵守：

一、乙方承诺

乙方认可甲方品牌在行业内的主导地位，对甲方W产品已有足够了解，愿意接受甲方W产品独家包销授权，并承诺将在授权区域内，为甲方W产品的销售做出自己的独特贡献，与甲方同舟共济，创造奇迹。

1. 乙方申请成为甲方W产品__________区域排他性独家代理商，并承诺保证代理合作至少一年。

2. 乙方承诺，在申请独家代理区域，同类产品只经营甲方W产品，绝不涉及竞业产品经营。

3. 介于甲方在本区域所进行的W产品独家包销授权及提供的排他性市场空间，均基于乙方真实的合作意愿表达，为确保合作顺利，并督促乙方达成预期效果，乙方承诺，保证完成本协议规定的经双方认可的年销售定额。

二、区域授权

甲方正式授权：自即日起，乙方为______省________地区________县/市/区区域W产品的独家代理商。

在此协议的有效期内，依照本条例的有关条款，乙方在该指定区域独家包销甲方W产品。

三、承担销量确认

1. 乙方首批提货量为：____万元。

2. 乙方承诺本协议年度年提货量为：____万元。

四、保证金

独家代理商区域合作承诺押金____万元，其中：

1. 排他性区域独占押金：____万元。乙方保证合作一年；中途停止，押金不返；合作期满，押金退回。

2. 承担销量与竞业禁止押金：____万元。乙方保证完成承诺销量，即协议规定年销量；未能完成，押金不返；完成，押金返还；乙方保证同类产品只经营甲方W产品，竞业产品概不涉猎，违反则押金不退。

五、甲方的权利和对乙方承担的义务

1. 按甲方产品的配套标准提供产品。

2. 提供优质、快捷的技术服务和维修服务。

3. 指导协调乙方的销售行为，限定乙方的销售区域。

4. 对乙方提供市场区域保护、技术支持、价格保护、推荐客户等。

5. 乙方按协议完成年销量，甲方提供年终返利计划。

六、乙方的权利和对甲方承担的义务

1. 迅速建立和完善产品在本代理区域内的分销网络。

2. 负责产品在本区域内宣传、策划、销售及促销活动的组织与实施。

3. 保证代理区域内货源充足，保障市场供给。

4. 在代理区域内提供产品的售后、维修服务。

5. 乙方不得跨区域销售。

6. 完全履行并完成协议约定销量。

七、产品价格体系及价格保护政策

1. 本协议包销产品价格详见附件。

2. 乙方应依据本地市场策略，参照甲方提供的市场价格指导，制定适于本地区的市场价格体系及相配套的推广促销活动。

3. 如果产品价格出现变动，甲方应及时通知乙方。

4. 价格保护政策：乙方为方便市场操作，留有库存，遇有变价（主要是降价），甲方提供价格保护。乙方提供库存数量及机身编号，申请保价。甲方核实无误，差价部分以产品形式补贴乙方。

八、订货、付款与验收

1. 乙方订货，应标明产品型号、数量，并签字盖章，以书面形式提前1天知会甲方。

2. 甲方确认乙方定货准确意向后，即开始备货；乙方应及时付款，以便甲方发货。

3. 乙方收货时，应当场协同货运方共同对货物的外观及装箱内容进行查看清点，以便及时确认数量无误；如有缺失，应会同货运方当场签字认定箱内数量，并第一时间通知甲方；当场未报异常，则视为数量验收合格。如有型号、质量等与订货不符，应在收货24小时内报知甲方，以便及时处置。收货3日内未报异常，即视为验收完全合格。此后再有任何问题，转由售后部门负责。

4. 双方货物来往的运费、保险各自承担。

九、维修服务及其他支持

1. 甲方对所供产品提供为期一年的免费保修服务；非人为因素的保修期内产品故障，无条件维修；人为因素损坏及保修期以外产品故障，有偿维修。

2. 甲方向乙方提供必要的产品技术支持。

十、其他

1. 凡双方有违背本协议任何一款者，甲乙双方都有提前终止本协议的权利。

2. 本协议有效期限一年，有效期____年____月____日至____年____月____日，自签订之日起生效。

3. 协议双方本着讲求信誉、互谅互让的原则执行本协议，未尽事宜，双方协商解决。

4. 本协议一式两份，双方各执一份，具同等法律效力。

甲方：　　　　　　　　　　乙方：

法人代表：　　　　　　　　法人代表：

委托代理人：　　　　　　　委托代理人：

签约时间：　　　　　　　　签约时间：

4-6　买断销售

买断销售是指厂商或供货商将其产品的经营权一次性或阶段性出售给某一中间商的销售激励政策。

买断销售根据时间的不同分为两种：第一种是一次性买断，即厂商或供货商将其产品的经营权一次性卖给某一中间商；第二种是阶段买断，即厂商或供货商将其产品的某一时间段的经营权卖给某一中间商，例如厂商或供货商将处在衰退期的产品的经营权卖给某一中间商。

买断销售，对于中间商来说，能够获得产品的独立经营权，可以自行定价销售，同时也需要承担经营风险，但是经营得好的话，可以获得意想不到的高收益。

在分销实践中，通常厂商或供货商在实施买断销售的政策时，会给中间商一个一次性的价格，并且要求中间商把所有的货一次性提走。于是为了享有产品的独立经营权，获得更高的收益，许多中间商会按照厂商或供货商的要求，一次性提走厂商或供货商所有的货。

案例

P公司（食品）买断销售政策

——P公司D产品买断销售政策

一、区域

C城市

二、买断客户

H经销商

三、买断性质

一次性买断（一切费用全免且不退不换）

四、价格政策

指导零售价10元/瓶，经销商毛利6.5元/瓶

五、目标提货量

10000瓶

案例

Q公司（白酒）买断销售政策

——Q公司E产品买断经营协议书

甲方：Q公司

乙方：______××经销商______

经甲乙双方友好协商，针对Q公司E产品在____区域买断经营，达成如下协议：

1. 甲方向乙方提供E产品，乙方对该产品在____区域市场进行独家买断经营。未经乙方许可，甲方不得在____区域另设其他经销商。若甲方违约，由此产生的经济损失由甲方承担。

2. 甲方向乙方提供的产品，必须三证齐全，质量合格，若有由质量问题引发的任何经济责任，由甲方承担，乙方概不负责。

3. 乙方在取得该产品的区域独家买断经营权后，必须在指定区域（____行政区域）内进行销售，绝对不得跨区窜货销售，若乙方违约，甲方有权单方面终止双方合作协议，由此引发的经济损失由乙方承担。

4. 乙方向甲方交纳买断经营市场保证金5万元，买断经营协议期满时，在严格履行双方协约条款的情况下，甲方无条件退返乙方保证金。

5. 买断经营过程中，乙方单次订货不少于____万元（____件），并提前1个月付款订货，因付款拖延导致产品断档，甲方概不负责。

6. E产品到岸价为____元/瓶（不含税），每件____元，乙方可分批提货，也可一次提清自行存放，乙方库存货物发生包装损坏霉烂变质等责任由乙方承担，甲方概不负责。

7. 乙方在E产品买断经营过程中所发生的一切费用，如促销费用、进店费用、人员费用、运贮费用及其他费用甲方概不承担，但甲方有义务协助乙方，在一切可能的情况下，对该产品积极进行日常维护，非专题招商（各县）等。

8. 乙方在买断经营过程中，应积极遵守甲方制定的价格体系进行销售，不能低价倾售。

9. 乙方与甲方进行买断经营合作过程中，仍是甲方其他产品的区域总代理商，若乙方对甲方其他产品漠视，厚此薄彼、推动无力，并双方磋商无效时，甲方有权在不征得乙方许可情况下另选其他经销商。乙方无条件退返甲方已投入的市场支持（如车辆、促销品、人员等），乙方所产生的债权、债务不得转嫁给甲方。

10. 买断产品无年终返利支持，促销活动、促销政策在征得甲方同意后，由乙方自行实施。

11. 退货机制：乙方若单方提出终止买断协议，应提前 1 个月通知甲方，在实物交接后 1 个月内若市场无太大损坏，甲方将无条件退还乙方相应货款及保证金，同时甲方不接受乙方债权、债务。

12. 结算方式：先款订货。

13. 买断协议暂定一年，合同期满后，在双方账务清晰、促销设施产权交割明晰的情况下，乙方有优先续约权。

14. 在签订协议两日内，乙方足额交纳保证金，并预付首单订金，订金到达甲方指定账号的情况下，此协议方可生效。

15. 此协议一式两份，未尽事宜双方可友好协商解决。

甲方：	乙方：
代表：	代表：
时间：	时间：

4-7　捆绑销售

捆绑销售是指厂商或供货商将其不同的产品捆绑在一起销售给中间商的一种销售方式，通常是将好卖的产品与不好卖的产品捆绑在一起销售，即中间商提好卖的产品的同时也必须提一定比例或数量的不好卖的产品。有时捆绑销售也称为“搭售”，即 $1A+nB$，中间商每进 1 个单位数量的 A 产品必须同时进 n 个单位数量的 B 产品。

在分销实践中，不是厂商或供货商所有的产品都是畅销品，现实中也会存在很多滞销品，但是对于滞销品，大多数中间商都不愿意提货，这样，这些滞销品就会连销售的机会都没有了，最终会积压在厂商或供货商的仓库里，永远也卖不出去。为了解决这个难题，大多数厂商或供货商通常会采取捆绑销售，例如利用畅销品与滞销品按一定比例进行搭售，可以促使中间商进或多进滞销品的货，从而能够带动滞销品的销售。因此，为了能够获得或获得更多的畅销品，中间商就不得不进或进更多的滞销品。

案 例

R 公司（通讯）捆绑销售政策

——R 公司“1+n”产品捆绑销售政策

一、区域

D 城市

二、政策对象

所有经销商

三、政策内容

1. “1F+10A”：每提 1 个单位的 F 产品，必须提 10 个单位的 A 产品；

2. “1F+5B”：每提 1 个单位的 F 产品，必须提 5 个单位的 B 产品；

3. 以上政策可二选一。

（备注：F 为高端畅销品，A 为中端滞销品，B 为低端滞销品。）

案例

S公司（汽车）捆绑销售政策

——S公司“n+1”产品捆绑销售政策

一、区域

E城市

二、政策对象

所有经销商

三、政策内容

1. “6C+1G”：每提6辆C，才能分配1辆G；

2. 全年完成1500辆提货量；

3. 全年完成1500辆并完成“6+1”的，可配给10辆G；

4. 完成1500辆而未完成“6+1”的，可提供5辆G；

5. 完成“6+1”但没完成1500辆的，提供3辆G；

6. 两者均未完成的，则最多只能提供1辆G，并且还需按照“6+1”进货。

（备注：G为畅销车型，C为S公司所有滞销车型的代称）

4-8 价保政策

价保是价格保护的简称。价格保护是指厂商或供货商因调整产品出货价（降价）而对中间商的库存给予相应价格补偿的一种销售政策。

厂商或供货商经常会因市场竞争激烈等因素，对其产品的零售价进行周期性的调整（降价），同时也会调整（降低）中间商的进货价，这样在执行新的价格政策的时候，势必会出现中间商的旧货（库存）比新货的进货价高的问题，如果没有任何价格补偿，中间商就会不愿意再进货，或者等库存消化完再进货。为了避免以上情况的发生，厂商或供货商通常会出台价保政策，即对中间商的库存给予一定的价格补偿，以打消中间商的顾虑，降低中间商的经营风险，并提高（调价后）中间商的提货积极性。

价保根据时间周期分为三种：第一种是全程价保，即从产品上市到退市，每次调价时都对中间商的库存给予相应的价格补偿；第二种是提货周期价保，即只对从调价之日起往前推算的一定时间周期内提的货给予价格补偿，此周期内的提货数量被视为库存量；第三种是无价保，即无论何时调价，都不会给予价格补偿，此类产品通常为低价格产品。

价格补偿方式一般分为三种：第一种是面价保，即只按新旧出货面价（不扣除返利及任何奖励）的价差给予补偿；第二种是底价保，即按新旧底价（只扣除返利部分）的价差给予补偿；第三种是模糊保，即厂商或供货商给予中间商模糊的价格补偿。

在分销实践中，通常厂商或供货商使用最多的是全程价保，也称全程库存价保。这种价保方式，无论何时调价，都会给予中间商相应的价格补偿，并且在此基础之上，底价保的价格补偿方式也使用较多。这样，中间商就敢多囤货，也愿意多进货。

案例

T公司（电子）价格保护政策

1. T公司产品价格调整时，对代理商在价格保护期内的降价机型给予价格保护；

2. 价保政策：从降价之日（含降价日）之前的15天（如遇法定假日：五一、十一、元旦、春节顺延），T公司对代理商实际进货产品给予全额价格保护；

3. 代理商应向甲方认真填写“合作伙伴价格保护申请表”，T公司确认后将以货物折扣方式对代理商体现价格保护政策；

4. 特价产品、销售赠品不予价保。

案例

U公司（IT）价格保护政策

1. 对于U公司产品的价格调整，代理商享受价格保护政策；

2. 自U公司发出货物之日起，U公司将对代理商所进当批货物所有一个月内库存产品施行完全价格保护政策（即库保产品价格遵循最新价格政策，并且就低不就高）；

3. 经U公司指定人员确认后，对于价格调整所产生的差价总额，U公司将在代理商以后进货时予以分批（不高于三批）全部返还；

4. 特价订单不享受以上价格保护政策。

案例

V公司（通讯）价格保护政策

1. 对于V公司产品的价格调整，经销商享受价格保护政策；

2. 如遇价格下调，经销商已付款提货未实现销售部分，V公司将对其实行价格保护，即按V公司最终确认后的经销商实际库存量进行补差价（底价保底价），差价部分以货款抵扣的形式返还给经销商；

3. 包销机和淘汰机不享受以上价格保护政策。

4-9　铺货销售

铺货政策是指厂商或供货商给中间商提供的“先货后钱”的一种销售激励政策，即中间商可以先提一定金额的货，再在一定时间周期内付款的一种销售政策，也是一种厂商或供货商给予中间商的财务支持政策，有时我们也称之为赊销，而这里所说的“一定金额”就是我们通常所指的信用额度，“一定时间周期”就是我们通常所说的账期。

信用额度是由厂商或供货商经过综合评估给中间商设定的，一般 1 个季度评估 1 次，根据评估结果会对其进行调整，账期一般为 7 天、15 天、21 天、30 天、60 天不等。

铺货政策分为日常铺货和节日铺货两种。日常铺货是指在日常销售中，厂商或供货商为了促进中间商进货，对于中间商的提货给予一定的信用额度和账期支持的销售政策；节日铺货是指在重大节假日期间，厂商或供货商为了鼓励中间商多囤货，对于中间商的提货给予一定的临时信用额度和账期支持的销售政策，通常节日铺货的临时额度较大，临时账期也较长。

对于现款现货，中间商的大部分资金都被压在货上，销售速度一旦缓慢就会导致资金回笼慢，根本没有资金再进货，甚至还会面临资金链断裂的威胁。而对于大型节假日的销售，许多中间商又都缺乏备大货的资金，而且融资也十分困难，销售扩增也受阻。因此，厂商或供货商的铺货政策不仅能够帮助中间商解决经营当中资金周转不畅的问题，还能够帮助中间商解决短期融资的问题。

在分销实践中，铺货政策实际上就是厂商或供货商（在一定的时间周期）借钱给中间商做生意的一项销售政策，对于大多数中间商来说都是十分渴望的。厂商或供货商的铺货政策不仅缓解了中间商的资金压力，还为中间商的大型节假日的销售提供了资金支持，所以在厂商或供货商的铺货政策的支持下，中间商敢于也愿意提货或多提货。

案 例

W公司（日化品）铺货政策

——W公司给分销商的信用额度

一、给予分销商信用额度的原则

1. 在正常情况下，信用额度等于4周正常销售额。

2. 新分销商前3个月的信用额度等于其3周正常销售额，3个月后根据其信誉及销售业绩进行调整。

3. 当地的销售主任有责任依据分销商的应收账款及时支付情况，分销商仓库的库存水平，以及二级销售情况来管理其信用额度。

二、信用额度调整

1. 信用额度的调整包括增加和减少两部分，销售主任可通过递交“增/减信用额度建议表”来调整分销商的信用额度，信用额度的调整需得到区域总经理和销售商务经理核准。

2. 信用额度的提供是基于该分销商的信誉度，公司通过定期的内部信用额度回顾以及外部信用调查后调整分销商的信用额度。

3. 除了对财务风险做评估之外，公司还将考虑分销商对公司产品资金投入情况来做信用调整。

案 例

X公司（通讯）铺货政策

——X公司国庆客户信用支持政策

一、销售节奏安排与信用支持

1. 销售分两个阶段：正常出货+节前铺货。

客户类别	第一阶段：正常出货		第二阶段：节前铺货	
	时间段	说明	时间段	说明
区域性卖场	9月1—15日	按正常额度、账期出货	9月16—30日	到期日为10月10日
重点店/渠道/小型零售店及其他	9月1—21日	按正常额度、账期出货	9月22—30日	到期日为10月8日

2. 全国性卖场的销售节奏根据各客户的实际情况由分公司和大客户部协调安排，额度由大客户部和信管办单独管理。

3. 区域性卖场客户尽量将销售节奏前移，力争9月15日前完成2次滚动铺货与回款工作，尽快回笼资金，为节前大规模下货铺平道路。

4. 重点零售店、渠道类客户按正常节奏出货，力争在9月22日前完成3~4轮滚动出货与回款工作，快速收回资金，以免影响下阶段铺货工作。

二、额度管理

额度拨付时间和使用细则详见财务部门出台的《国庆信用管理工作安排》。

4-10　控货政策

控货政策是指对产品货源进行适当控制，从而造成中间商对产品产生饥渴感的一种销售政策。中间商对产品产生饥渴感，就会促进中间商提货或多提货。

物以稀为贵。越是稀有就越珍贵，如果在某一产品上市的时候，在某一区域有意识地控制产品的发货量及发货步骤，保持中间商的饥渴感，将会有利于产品的下货。例如，中间商第一次进的货很快卖掉了，第二次想多进一些，可一问没那么多货，第二次进的货也很快就卖掉了，因为担心其他中间商抢货，第三次就想进更多的货，可一问又没那么多货，第三次进的货也很快卖掉了，于是到了第四次，一问有货，马上就进了很多货，于是每个中间商都进了很多货。

在分销实践中，控货是一种非常有效的销售政策，一般适用于新品上市。无论多么好的产品，如果在上市期就遍布市场，那么很快就会引发价格战，于是中间商的利润也难以保证，更没有中间商愿意再提货，很可能使产品在上市期就夭折了。而适当的控货，不仅能够避免价格战、保证中间商的利润，还能造成中间商的饥渴感，吸引中间商提货或多提货。

案 例

Y 公司（通讯）控货政策

在产品旺销的时候，总会出现货源紧张的情况，但 Y 公司始终坚持“产量紧缩”，最多时会出现 10 天断货，让市场保持饥渴感。因为一旦出现产品积压，即使是短期积压，也会造成销售代理商甩货以加速资金周转，发生窜货行为，产品价格体系将遭到破坏。

案 例

Z 公司（食品）控货政策

对于新品上市，Z 公司一贯坚持采取“限量控货”政策和“饥饿营销”策略，经常在产品上市期刻意控制渠道放货数量、把握放货节奏，不断造成渠道商的饥渴状态，从而增强渠道商的提货热情，降低渠道商的窜货意愿，减少渠道商的窜货行为，保持渠道商对产品的持续关注度。

4-11　销售竞赛

销售竞赛是指厂商或供货商以比赛的形式激励中间商多提货的一种销售政策，就是对产品的单次或一定时间周期内的提货量，开展中间商销售竞赛，获得名次者或成为优胜者，可以获得相应的奖励。

奖励分为物质奖励和精神奖励两种。物质奖励包含现金奖励与实物奖励，其中实物奖励又包含自有产品与其他实物；精神奖励包含旅游、奖杯、奖状、锦旗、牌匾、证书等，通常两种奖励结合使用。

一般销售竞赛的奖项种类比较多，有金额排名项目，也有数量排名项目，有绝对量排名项目，也有完成率排名项目。在每次销售竞赛的时候，中间商之所以积极参与，想要赢得奖项，除了因为有一定的物质奖励，更重要的那是一种荣誉。能够获得更多人的认可，当然那也是一次自身实力的展现，不仅可以提升自己在厂商或供货商心目中的地位，还可以提升自己在行业中的影响力，并有机会获得更多的资源。

在分销实践中，厂商或供货商经常会对处于同一级别的中间商开展关于提货量的销售竞赛活动，而这些销售竞赛对于各中间商来说是一次难得的名利双收的机会，许多中间商都会积极参与，努力提货，力争赢得奖项、获得奖励。

案例

AA公司（饮料）销售竞赛政策

——AA公司经销商销售竞赛奖励方案

一、活动背景与目的

2月份是销售淡季，为鼓励经销商积极进货销售，确保完成公司下达指标，实现年后开门红，特拟定此案，并通过此案间接推动经销商开发通路寻找销售增长点。

二、活动主题

2月份经销商销售竞赛

三、活动时间

××年2月

四、活动区域

A省

五、活动对象

一级经销商

六、活动内容

1. 对一级经销商客户销售进行评比，依据销量及达成率两项指标综合评定，第一名奖励T品牌电脑1台。

2. 地市级经销商与县级经销商分别评定，各取第一名奖励。各经销商参加相应地区级别评定，如县级经销商只参加县级经销商评比，地市级经销商只参加地市级经销商评比。

3. 评分办法：依得分高低排名次，最高者为第一名，依次排序。

经销商得分＝（进货量/全区进货量×10%＋较1月增长率×30%＋经销商达成率×60%）×100

4. 参评条件：

1）2月份达成率100%以上，3月份达成率90%以上。

2）2月份无违反公司规定或公司政策，如窜货行为。

5. 奖品：奖品为T品牌电脑，需要量2台，地市级与县级经销商各1台。

6. 奖品兑现：××年3月份。

案 例

BB公司（车用油）销售竞赛政策

——BB公司经销商销售竞赛活动方案

一、活动区域

全国

二、活动时间

××年3月1日—××年4月30日

三、活动产品

D系列产品（D1、D2、D3、D4）

四、竞赛细则

第一阶段：××年3月1日—××年3月31日

凡在××年3月活动期间，上述产品采购数量与去年同期相比增长超过10%的经销商，根据全国销量排名将获得以下奖励（采购数量以BB公司销售报告为准）：

1. 排名1~5的经销商，将获得2个超值体验机会，于4月11日在T城市与Q车队F1冠军车手亲密接触，体验精彩活动。BB公司将承担受邀客人的交通费、一晚单间住宿费以及F1车手见面会门票的全部费用。

2. 排名6~50的经销商，将获得30件Q车队新款定制T恤。

3. 排名51~100的经销商，将获得10件Q车队新款定制T恤。

4. 排名1~100的经销商，均将获得进入到第二阶段销售竞赛的资格。

第二阶段：××年4月1日—××年4月30日

在第一阶段获得资格的100名经销商将进入第二阶段竞赛，凡在××年3月和4月两个月活动期间，上述产品采购数量与去年同期相比增长超过10%的经销商，将根据销量排名获得如下奖励（采购数量以BB公司销售报告为准）：

1. 排名1~25的经销商，将获得15个1/8新款Q品牌F1模型和9个1/43新款Q品牌F1模型。

2. 排名26~50的经销商，将获得5个1/8新款Q品牌F1模型和5个1/43新款Q品牌F1模型。

第五章 市场杠杆

在分销实践中，通常可以通过广告支持、消费者促销支持、终端店主奖励支持、促销人员支持、终端物料支持、市场费用支持等市场杠杆激励中间商提货或多提货。

销售部：使客户理解促销员是我们投给他的资源并且我们在持续关注，并且需要客户的配合。

商务部：公司对产品的宣传力度有所欠缺，而客户也不积极主动地去宣传，只注重那些利润高的产品，造成消费者因为无法知道某款产品的存在而不去理会，最后形成滞销。一旦滞销，客户就更加不愿去关注，长此以往形生了恶性循环。

商务部：客户看重的还是利润，就现在我司几款降价产品来说，利润率都在15%～18%，再加上终端奖励，势必可以起到很好的效果。

商务部：比如我们要完成一款新品的覆盖，就应该在产品到货之前就已经在终端有所动作，提前做好产品预热，这样问这个产品的消费者多了无疑也加大了客户对这款产品的关注度，所以货到之后，客户自然而然地也就提货了。

商务部：公司各部门对产品的宣传不到位，重视程度不够，致使客户对产品不够关心。

客户代表：产品上市前没有做好预热，客户对产品认识不深刻，不了解基本功能及外观。

客户代表：客观方面，市场对某种品牌产品的认知度不够，没有很好的销售氛围。

市场督导：产品进入市场后，终端不重视，得不到重视就得不到主推，使产品形成滞销，致使客户对产品失去信心。

市场督导：促销支持力度不够，新品上市后促销的力度不到位，形成产品滞销。

促销员：公司对产品的宣传力度不够大，只靠促销员的推荐和讲解有时很难让顾客接受这个产品，甚至促销员的极力推荐反而会让顾客产生反感，认为这个产品是商家的尾货急于卖出、促销员卖了这个产品提成会很高等等，如果公司对产品宣传力度再大一些会更好。

5-1　广告支持

广告一般分为两种：第一种是品牌广告，第二种是产品广告。本节所谈主要为产品广告，即厂商或供货商为了促进产品销售而做的广告。

产品广告一般分为海、陆、空三种形式。“空”是指四大媒体广告，即电视、广播、报纸、杂志广告；“海”是指第五大媒体广告，即网络广告；“陆”是指地面广告，即地面的户外媒体、售点 POP 广告。

此外，产品广告也可分为高空广告和地面广告。“高空”指的就是五大媒体广告，即电视、广播、报纸、杂志、网络广告；“地面”指的就是地面广告，即地面的户外媒体、售点 POP 广告。

对于有广告支持的产品，中间商会更有信心提货或多提货。因为产品广告的主要对象是消费者，它能够起到提升产品形象、提高产品曝光度、提升消费者的认知度，从而促进消费者购买的作用。当中间商认为产品可能会有更多消费者购买的时候，也就愿意提货或多提货。如果一个产品没有任何的广告支持，中间商很可能就会失去提货的信心，甚至会减少对其关注度。

在分销实践中，大多数厂商或供货商都会为自己的产品做广告，而且广告形式也多种多样，有时“高空轰炸”，有时“釜底抽薪”，有时两者相结合，不但可以提高产品知名度、促进消费者购买，而且可以增强中间商的提货信心、促进中间商提货或多提货。

案例

CC 公司（IT）广告支持

——CC 公司 G 产品上市媒体传播市场投入明细

方案	费用	时间	地点	内容	备注
电视广告	220 万元	12 月 15 日—1 月 30 日	10 个城市	中央台、省台电视广告	
杂志广告	50 万元	15 期	全国	时尚+数码杂志	
户外广告	200 万元	长期	省会城市	大型户外广告、候车亭、地铁	
网络广告	50 万元	12 月 15 日—1 月 30	全国	门户、数码、时尚网站	
总计	520 万元				

案例

DD 公司（饮料）广告支持

——DD 公司 H 产品上市行销传播策略

一、电视广告

拍摄制作产品广告片（30 秒、15 秒、5 秒），通过电视广告推出宣传产品形象，以省台+市台的投播方式，争取最大面积覆盖。第一阶段，高频次地投放 2 个月；第二阶段，对收视率较高且针对目标消费群较强的节目进行冠名如 A 电视台的 B 栏目、C 卫视的 D 栏目或一些全国性大型节目等。

二、售点广告

售点广告是传播、贯穿于整个新产品导入期，以4K海报、吊旗、横幅为主，用于张贴、悬挂于各零售点及批市摊点，并在张贴时采用标准化的张贴位置，有很强的视觉冲击力，从而提升了产品的形象。此外，为配合商场促销活动，另制作相关主题DM、海报、吊牌、书签，强化促销效果。

三、电台广告

针对新品，在所辖区域选择收听率较高音乐台对其音乐节目进行广告投放，以听觉轰炸的形式不断播放产品的广告语，让潜在消费者记住这个产品。

四、户外广告

做为电视、报纸媒体投放的补充，主要是展示产品形象，弥补电视广告、报纸投放的不足，用公车广告和路牌广告等来进行补强。

五、平面广告

根据推广进程及产品的个性，设计制作一致性、延续性、规范性的平面报纸（杂志）标板、户外高杆标板、路牌标板、终端展示牌标板、出租车（公汽）后贴标板等。

案例

EE公司（通讯）广告支持

——EE公司I产品上市媒介计划

媒介	9月	10月	11月	12月
电视			央视+地方电视台	
户外			户外大型媒体	
			地铁/楼宇LED/机场/候车亭/影院广告	
网络	新品炒作	WOM/病毒营销/网络广告		
平面			创新性平面媒体投放	
终端	物料丰富（海报、展架、立体单页、桌卡、背卡、堆头、吊挂）+机模43200个			

5-2　消费者促销支持

消费者促销是指厂商或供货商为了促进消费者购买其产品而进行的一系列促销活动。

消费者促销根据时间不同可分为日常促销和节假日促销，根据主题不同可分为新品上市促销、产品降价促销、其他主题活动促销等，根据内容及形式不同还可分为买赠促销、优惠促销、抽奖促销、路演促销、演示促销、预售促销等。

对于有消费者促销支持的产品，中间商会更有信心提货或多提货。因为这些消费者促销活动能够激发消费者的购买欲望，促进消费者购买。当中间商认为产品可能会有更多消费者购买的时候，也就愿意提货或多提货。如果一个产品没有任何的消费者促销支持，中间商很可能会降低提货的热情，甚至会尽可能少地提货或不提货。

在分销实践中，大多数厂商或供货商都会为自己的产品制订消费者促销计划，而且促销形式也多种多样，有时买赠、有时优惠、有时抽奖……有时是多种形式相结合，一方面可以激发消费者的购买欲望，促进消费者购买；另一方面又可以增强中间商的提货信心，促进中间商提货或多提货。

案例

FF公司（饮料）消费者促销活动支持

——FF公司年度促销活动一览表

时间	产品	主　题	预算
1月1日—2月8日	A	火锅加啤酒，过瘾又爽心	8万元
3月11日—3月17日	B	教你喝啤酒（3·15）	1.7万元
3月1日—5月18日	A	足球魅力，身临其境	30.5万元
4月25日—5月18日	C	邀您共醉	3.7万元
5月19日	全部	欢乐啤酒节	0.76万元
5月20日—7月2日	B	一起看球，一起欢乐	4.8万元
9月14日—9月21日	B	月圆之夜	1.6万元
6月1日—6月15日	C	端午有礼	0.85元/件
7月1日—9月30日	C	送给你夏日清凉	0.8元/件
2月20日—3月20日	A	成功的喜悦与您分享	1.5元/件

案例

GG 公司（食品）消费者促销活动支持

——GG 公司年度促销活动一览表

促销主题	1 月	2 月	3 月	4 月	5 月	6 月	7 月	8 月	9 月	10 月	11 月	12 月
特色礼品买赠												
A 六条折扣促销												
A 三条折扣促销												
B 瓶装折扣促销												
B 瓶装折扣促销												
B 瓶装折扣促销												
A 瓶装折扣促销												
新品上市												
春节特色促销												
五一特色促销												
十一特色促销												
圣诞特色促销												

5-3 店主终端奖励支持

店主终端奖励是指厂商或供货商为了促进其产品的终端销售而为零售店店主制定的一项市场激励政策，即根据零售店的单次或累计终端销量，给予店主相应的奖励，目的在于激励零售店店主多卖货。

店主终端奖励通常包括单量奖励和达量奖励两种，前者是指每销售一定单位数量或金额的产品，零售店店主就可以获得一定的奖励；后者是指对于产品在一定时间周期内的终端销量，厂商或供货商会给零售店制定一个目标值或多个阶梯目标值。如果零售店达到这个目标值或某个阶梯目标值，厂商或供货商就会给予零售店店主相应的奖励，阶梯目标值越大，相应的奖励就越多。

对于有店主终端奖励支持的产品，中间商会更有信心提货或多提货。对于分销商来说，这些奖励活动能够激发零售店店主的销售积极性，一旦零售店店主愿意卖货，那么分销商也就敢放心进货了，并且因为这一活动，分销商还愿意多进货；而对于零售商来说，这些奖励活动本身就是专门为他们制定的，因此店主终端奖励能够直接激励零售商提货或多提货。

在分销实践中，很多厂商或供货商会为自己的产品销售开展店主终端奖励活动，而且活动形式也多种多样，有现金奖励、实物奖励、旅游奖励……有时是多种奖励相结合，一方面可以激发零售店店主多卖货，另一方面又可以增强中间商的提货信心，促进中间商提货或多提货。

案例

HH公司（通讯）店主终端奖励支持

——HH公司K产品店主终端奖励活动方案

一、活动时间

××年12月1日—××年12月31日

二、活动范围

1. 分公司规划内常规零售客户（全国性连锁除外）；

2. 10月、11月K产品累计提货量10台（含10台）以上零售客户。

三、活动内容

1. 针对K产品规划内零售客户：凡活动期间所产生的K产品终端销量，可以享受200元/台终端奖励；

2. 针对10月、11月K产品累计提货量10台以上零售客户：凡活动期间所产生的终端销量，可以在享受200元/台终端奖励基础上追加享受100元/台终端奖励。

举例：A客户在10月、11月K产品累计提货10台，其12月份K产品终端奖励计算如下：10台×300元/台=3000元。

四、补充说明

1. 对于窜货客户将按照其窜货数量（以单计算）×单台奖励标准扣除其终端奖励；

2. 兑奖数量以HH公司的PSI数据系统为准；

3. 活动结束后，HH公司会在12月返利单中告知客户获奖结果，同时将终端奖励以返利的方式支付到客户账户。

案例

II公司（IT）店主终端奖励支持

——II公司终端店主保卡回收奖励活动方案

一、奖励期限

××年6月10日—××年7月10日

二、奖励对象

零售终端店主

三、奖励标准

A产品：20元/台；B产品：30元/台。

四、奖励目的

1. 增强零售终端店主的合作意愿度和主动配合度；

2. 零售终端销售加快→零售店向经销商的快速再提货→经销商产品批发速度加快→经销商增加进货频率或加大进货量。

五、奖励实施办法

1. 零售店在销售公司产品后将保卡中消费者资料等信息填写完整；

2. 当地销售或市场人员每日到零售终端回收保卡，按日统计到公司；

3. 奖励期限内每周回收的保卡分类统计审核后，在下一周将上周回收的保卡奖励金额打入终端店主的银行卡中；

4. 强调奖励有一定的期限，迅速调动零售终端积极性，形成零售量的提升，也是对经销商实实在在的大力支持。

六、奖励活动预算

A 产品：60000 元

B 产品：100000 元

合计：160000 元

5-4 促销人员支持

促销人员支持，是指厂商或供货商为促进其产品的终端销量而给予零售店派驻促销员的一项市场激励政策。

促销员一般分为两种：第一种是常促，即经常性的促销员，是指平常的固定时间正式在零售店上班（卖货）的促销员；第二种是临促，即临时性的促销员，是指特殊时间（例如节假日）临时在零售店协助销售的促销员。促销员的数量，通常由厂商或供货商根据投入产出比计算得出，同时也会综合考虑零售店的规模、大小、销售能力以及合作配合度。

对于零售店店主来说，人力成本是一项很大的成本，如果厂商或供货商能够给他派驻一定人数的促销员，其在某些产品的销售上就可以实现零人力成本，从而能获得更大的利润，不仅如此，还可以通过促销员获得更多的厂商或供货商资源。

对于有促销员支持的产品，中间商会更有信心提货或多提货。对于分销商来说，终端有专职促销员卖货，就意味着产品的销售有了一定保障，那么分销商也就敢于进货或多进货；而对于零售商来说，有促销员支持，就可以减少人力成本，增加利润，获得更多资源，那么同样进货积极性就比较高。

在分销实践中，很多厂商或供货商会为自己的产品销售在零售店派驻一定数量的促销员，一方面可以提升产品的终端销量，收集市场信息；另一方面又可以增强中间商的提货信心，促进中间商提货或多提货。

案 例

JJ 公司（家电）促销人员支持

——JJ 公司终端促销员派驻标准

JJ 公司终端促销员的派驻导入成本核算机制，按照单店核算、系统统筹的原则，以预期销售额必须大于（促销员底薪统筹+卖场固定费用）/（1-变动费用/预期销售额）的计算标准派驻促销员。

一、专职促销员派驻标准

销售达到如下标准的终端，派驻专职促销员一人：

时间	衡量标准	大型连锁卖场			超市/百货及其他业态		
		品类 A	品类 B	品类 C	品类 A	品类 B	品类 C
旺季	销售量	>50 台	>40 台	>50 台	>50 台	>40 台	>50 台
	销售额	>4 万元	>2.5 万元	>3 万元	>2.5 万元	>1.5 万元	>2 万元
淡季	销售量	>25 台	>30 台	>25 台	>25 台	>30 台	>25 台
	销售额	>1.5 万元	>1.2 万元	>1.3 万元	>1.2 万元	>0.8 万元	>1 万元

1. 以上未涉及品类产品或新引进品类产品需派驻卖场促销员，其标准亦应严格按照预期销量核算方式考量是否派驻促销员。

2. 对于未能达到以上派驻标准的终端，原则上不予派驻促销员。如因特殊原因需派驻专职促销员，相关部门需以书面形式报请公司人力资源部，并由总经理核批后责成市场部备案、派驻专职促销员，书面报告必须阐明特殊事由、预期时间，并确保该期间所辖系统或客户整体经营数据达到公司最低经营指标要求，否则不予派驻。

3. 对于新开发终端，在公司经营分析会确定可进驻后，可现派驻专职或内部兼职促销员，三个月内根据实际销售按照以上派驻标准调整。

二、临时促销员派驻标准

临时促销员的派驻以活动方案中的预算及人员安排预案为依据，由市场部备案并派驻。其费用不计入薪酬体系，而以促销费用体现，其派驻标准应以当期销售核心目标为基准，依成本预案原则合理派驻。

案 例

KK公司（建材）促销人员支持

——KK公司经销商促销员支持协议内容

1. 为支持乙方拓展市场，甲方给予乙方派驻销售终端的促销员（含临时促销员）、演示员底薪支持。

2. 甲方对乙方进驻终端进行评估，符合甲方规定派驻标准的门店，甲方按照600元/（人·月）进行核算费用，最高按经销商当月实际回款金额的____%进行核算费用（凭终端零售报表给予核销）。

3. 乙方负责支付销售提成及其他相关费用，具体提成标准由乙方根据甲方提供的指引与甲方驻当地区域人员共同制定。

4. 乙方必须在每月25日之前，将促销员及演示员的提成发放到位，如逾期不发，甲方将直接在乙方支付给甲方的货款中优先扣除相应金额用于补发促销员及演示员提成。

5. 促销员、演示员由甲方派驻当地区域人员帮助招聘和管理，乙方应给予相应的配合。

6. 凡不符合派驻标准的促销员、演示员，甲方将不予承担底薪。

（备注：甲方为KK公司，乙方为××经销商。）

5-5 终端物料支持

终端物料是指那些陈列在终端门店，能够辅助促进产品销售的相关宣传物品及资料，如海报、单张、折页、X展架、易拉宝、横幅、灯箱片等。

终端物料中所展示的内容一般包括产品的外观、功能，产品的卖点，产品的（消费者）促销活动等等。终端物料也是一个促销员，只是它是一个无声的促销员，它仿佛在告诉所有看到它的人——消费者——“我是多么多么好，你赶快来买我吧!”、“我是多么特别，你赶快来买我吧!”、“这里有很多优惠活动，你赶快来买我吧!”……

对于有终端物料支持的产品，中间商会更有信心提货或多提货。因为终端物料是产品外观、功能、卖点及消费者促销活动最好的展示载体，不仅能够吸引消费者的眼球，还能激起消费者的购买欲望。当中间商认为能够激发更多消费者购买的时候，也就愿意提货或多提货。如果一个产品没有任何的终端物料支持，中间商很可能会降低提货的热情，甚至会尽可能少地提货或不提货。

在分销实践中，很多厂商或供货商会为自己的产品销售制作大量的宣传物料，而且形式多种多样，也颇具创新性。这样，一方面可以展示产品卖点，宣传促销信息，吸引消费者眼球，激发消费者购买欲望；另一方面又可以增强中间商的提货信心、促进中间商提货或多提货。

案例

LL公司（通讯）终端物料支持

——LL公司Y产品上市终端物料投放计划

一、陈列位置

零售店类型	门口	店内	柜台上	柜内	店门、扶梯、店招
专卖店/专区	易拉宝、X展架	灯箱片、X展架、易拉宝、挂旗	旋转小灯箱、折页架、折页、单页、盒装年历	摇牌、相架、机模、托架、柜内贴	海报、挂旗、横幅
大型终端卖场	易拉宝、X展架	灯箱片、X展架、易拉宝、挂旗、(可制作特殊物料)	旋转小灯箱、折页架、折页、单页、盒装年历	摇牌、相架、机模、托架、柜内贴	挂旗、横幅、海报
中型规模/一般零售店	易拉宝、X展架	灯箱片、X展架、易拉宝、挂旗、(可制作特殊物料)	旋转小灯箱、折页架、折页、单页、盒装年历	摇牌、相架、机模、托架、柜内贴	挂旗、海报、横幅
通信市场	海报	灯箱片、X展架、挂旗	折页架、单页、折页	摇牌、机模、托架、柜内贴	挂旗、横幅、海报

二、物料分类

1. 基本物料：海报、单张、折页、摇牌、X展架、易拉宝、挂旗、柜内贴。

2. 特殊物料：盒装年历、相架（内附模特及手机照）。

3. 固定物料：机模、托架、灯箱片、柜台旋转小灯箱、折页架。

案例

MM公司（建材）终端物料支持

——MM公司元旦促销期间给经销商的物料支持计划

在××年12月1日—12月25日期间，对于单次提货达5万元以上（含5万元）的客户，MM公司将给予如下物料支持：

一、标贴及户外类

项目	数量	费用承担方式	备注
劲爆价标签	30	免费提供	如额外需要，须提前申请
节日特惠标签	30	免费提供	如额外需要，须提前申请
新品上市标签	20	免费提供	如额外需要，须提前申请
价格标签	40	免费提供	如额外需要，须提前申请
气球	100	免费提供	如额外需要，须提前申请
推广帐篷	1	免费提供	成本价296元/个， 如额外需要，经销商按半价购买
太阳伞	2	免费提供	成本价115元/个， 如额外需要，经销商按半价购买

二、折页类

项目	数量	费用承担方式
心仪折页（新）	100	免费提供
JD 产品荟萃目录	200	免费提供
BLK 系列宣传折页	30	免费提供
卫浴折页	100	免费提供
卫浴套装折页	100	免费提供
好帮太折页	100	免费提供
不锈钢龙头折页	100	免费提供
电子触摸龙头折页	100	免费提供
食物垃圾处理器宣传单	50	免费提供

5-6 市场费用支持

市场费用支持，是指厂商或供货商对于中间商的提货给予一定市场费用奖励的一项市场激励政策。通常厂商或供货商在一定时间周期内会给中间商一个提货量的要求，如果中间商能完成提货目标，就可以获得一定比例的市场费用奖励。有时市场费用奖励也被称为市场返利，市场费用奖励包含现金奖励和货物奖励，一般以现金发放或冲抵货款的方式兑现。

市场费用奖励根据奖励用途分为两种：第一种是无干涉型奖励，即只要中间商提货量达到目标值，就可以获得一定比例的市场费用奖励，厂商或供货商对其用途不进行干预，这种类型的奖励可以成为中间商的额外利润；第二种是干涉型奖励，即厂商或供货商对中间商的奖励用途进行干预，规定只能用于产品的市场推广活动，并且要求凭发票才能给予核销，这种类型的奖励使得奖励能够真正用于产品的市场推广、促进产品的销售，能够做到“专款专用”。

对于有市场费用支持的产品，中间商会更愿意提货或多提货，因为市场费用奖励可以帮助中间商减少费用投入，从而可以提升经营利润。不仅如此，如果厂商或供货商对奖励的用途不干涉，市场费用奖励还可成为中间商的额外利润，能够帮助中间商获得更大的利润。

在分销实践中，为享受厂商或供货商的市场费用支持政策，大多数中间商都会想尽办法努力达成目标提货量，以期能够降低费用、提升利润，或能够获得更多的利润。

案例

NN公司（白酒）市场费用支持

——NN公司分销商市场费用支持协议内容

甲方承诺给予乙方供货价格的______的产品促销费用支持（主要是人员促销费用、品尝酒赠饮费用、促销开瓶费用、条码费用，不包括首次进货打款）。费用支持需要甲方经理同意并以促销方案的形式向甲方申请，所有促销费用需全部用于市场促进，不得转化为经销利润。如果促销费用不投入市场，则甲方有权取消相应的市场费用支持。

（备注：甲方为NN公司，乙方为××分销商。）

案例

OO公司（电器）市场费用支持

——OO公司经销商终端推广费用奖励方案

一、季度推广奖励

公司按照经销商单个季度（自然季度）提货额电器部分的6%执行（工程机、样机、特价产品计入销售任务，但不享受季度推广奖励）。

1. 只有达成季度销售任务的经销商可以享受本项支持政策；

2. 本政策只用于支持经销商开展终端推广工作的广告投入，不包括经销商终端促销工作；

3. 费用核销：在公司季度推广奖励额度范围内，经销商品牌推广方面投入的宣传费用，最高可按投入额的50%报销，超出部分由经销商自己承担。有特殊支持的重点市场，可以将奖励和支持累加使用，但公司投入总额不超过经销商投入额的50%。

二、年度推广奖励

在经销商完成年度销售任务的基础上，根据其实际提货额度，公司在本营销年度结束后，给予一定额度的终端推广奖励，具体奖励标准及兑现方法如下（X 指各经销商销售任务达成率）：

销售任务达成率（X）	$60\% \leqslant X<100\%$	$100\% \leqslant X<130\%$	$X \geqslant 130\%$	备注
推广奖励	2%	4%	6%	

1. 执行条件：

1）实际提货额按经销商全年实际提货额计算（工程机、样机、特价产品计入销售任务，但不享受终端推广奖励）；

2）奖励额度计算方法：以经销商年度合同销售任务80万元、年度实际完成销售额120万元、销售计划达成率150%为例，奖励额度为：经销商终端推广奖励=（80万元−80万元×60%）×2%+（80万元×130%−80万元）×4%+（120万元−80万元×130%）×6%=32万元×2%+24万元×4%+16万元×6%=2.56万元。

2. 奖励兑现方法：

1）本政策用于奖励营销年度内经销商在品牌推广方面所做的工作，针对市场推广投入的宣传费用；

2）在公司季度、年度推广奖励额度范围内，经销商全年品牌推广方面投入的宣传费用，最高可按投入额的50%报销，超出部分由经销商自己承担。有特殊支持的重点市场，可以将季度奖励、年度奖励和支持累加使用，但公司总体投入额不超过经销商投入额的50%；

3）经销商宣传费用在投入前需要书面申请，经公司终端推广部同意后方可投入，营销年度结束后，见证性资料齐全，经市场推广部初审，营销管理办公室审核，营销总监签批后，公司直接冲抵货款。

三、奖励适用范围

本政策适合所有从公司直接进货的经销商（不包括与公司签订特殊经销合同的经销商），经销商给予分销商相关返利，公司不再另外支持，但公司会监督执行到位。

第六章 人员杠杆

在分销实践中，通过优秀的销售人员也能说服中间商提货或多提货。然而，要想成功说服中间商提货或多提货，作为一名优秀的分销型销售人员，需要做好以下几件事：客情关系、库存管理、价格管理、窜货管理、回款管理、谈判能力。

销售部：客户代表要对客户的库存做到数据化、表格化，并进行动态分析。只有管理好客户库存，自己才有方向，才能发现机会。

市场部：强调客户代表库存管理，进货信息传达，关注大库货源分配，定期盘点门店库存，及时处理危险库存。

客户代表：合理的库存管理是建立在对于终端销售数据的掌握之上的，库存与周销数据不准确，须及时跟进客户总库及门店的周库存，准确掌握门店的销售周期。

市场部：客户本身有货，而 PR 店没有货，需要客户代表协助促销员进行门店间的调货协调。

市场部：由于客情关系不到位，造成客户进货倾向于其他公司，少进或不进我司产品，客户代表应与客户保持良好的客情关系，以引导客户多进我司产品。

商务部：产品进入成长期后，外地窜货进驻，本地市场的价格战开始，导致客户销售该产品的利润率降低，致使客户不再关注该产品。

客户代表：客户代表与店内的沟通不够，或产品卖点和优势没有阐述清晰，对此应该加强产品知识的学习，掌握部分谈判技巧，适当增强与店内负责人的客情关系，主观上要加强沟通，遇到问题及时解决。

客户代表：新产品上市前，对客户、促销员做好宣导，让尽可能多的人了解新产品的功能及卖点。

客户代表：对客户的整个操纵和维护不够紧密，不能阻止客户拿取其他渠道的货源，给我司产品的覆盖造成难度。

客户代表：客户的回款超账期问题一直是销售的瓶颈，如何处理好账期问题是关键，与客户达成回款协议更能保障销售的顺利进行。

客户代表：对搅乱市场的窜货，要进行打击，对只看重利润，爱进窜货的客户，要进行积极沟通，使其了解到在许多方面，如在销售人员、市场促销活动、店面物料布置上，窜货是无法比较的。

6-1 客情关系

客情关系是指同客户建立良好的情感关系，这里是指同中间商的产品采购相关人员建立良好情感关系，包括老板、老总、采购经理、采购主管或采购专员等。

大多数中国人在做生意时，都会夹杂着一定的情感关系在里面，如果你能同客户建立很好的情感关系，并且远远超过竞争对手，那么，毫无疑问你同客户的合作就会更加顺畅，你能获得的客户支持也会更多，你对客户的下货也就更容易，同等条件下客户提你的货也就会更多。有时，仅凭良好的客情关系，就可以实现中间商的提货或多提货。

在分销实践中，客情关系总是被人们提及，而且人们也认同客情关系是很重要的，但是大部分人却并不知道该如何建立良好的客情关系，总感觉客情关系是一个很抽象的概念，不知道现实中该如何去做。在本节，笔者将为大家介绍七种同中间商产品采购相关人员建立良好客情关系的方法，具体如下。

◎拜访频率

想建立良好的客情关系，首先要做的就是增加客户拜访次数及频率。通俗地说就是混个脸熟，天天见天天谈，面见得多了，话谈得多了，自然也就把你当做熟人了。这就要求销售人员要把客户的办公室当作自己的办公室，天天到客户那里去报到、上班。按有些人的话来说，就是要把客户办公室当作自己的办事处，要同客户打成一片，成为他们的同事与战友。千万不要只是在压货的时候才去拜访客户，如果是那样，你就永远也无法同客户建立良好的客情关系，你的货也就永远无法下下去。

◎**投其所好**

通常，有共同兴趣爱好的人之间容易产生更强的情感关系，这就是我们经常所说的“在一个频道上”。有共同兴趣爱好的人，会有共同的话题、共同的语言，容易产生情感的共鸣，还会有相同的价值取向，这种情感关系不仅深厚、牢固，还会更加长久。

所以，优秀的销售人员应该懂得发现客户的兴趣爱好，如果自己的兴趣爱好与客户相似或一致，那就要恭喜你了，你需要做的是就共同的兴趣爱好积极与客户进行交流与沟通，以在共同话题或语言中获得情感的共鸣，甚至是价值观层面的认同，这样你所建立的客情关系就会牢不可破。

当然，即使你的兴趣爱好与客户不一致，或截然相反，也不必担心，你只需投其所好，客户喜欢什么，你就尝试着去喜欢它，积极参与客户的兴趣爱好，经常表扬客户、赞美客户，成为一个好的参与者、学习者与支持者。不能在舞台上表演，但你可以在台下欣赏与鼓掌，不能成为主角，但你可以成为一个好的配角，这不会影响你同主角的情感关系，这是另一种情感关系，同样强烈。

◎**个人信用**

第一次，你的朋友提出向你借 5000 元钱，并且答应一个礼拜内还，请问你借不借？5000 元钱对于你来说可能不算什么，你借得起，于是你借给他了。可是一个礼拜过去了，朋友并没有把钱还给你，而是过了一个月才把钱还给你。

第二次，朋友又向你借 5000 元钱，并且又答应一个礼拜内还，请问你借不借？你犹豫了一下，不想再借给他，可朋友苦苦哀求，于是碍于面子你又借给了他。钱是借给朋友了，可是朋友这次又没能按时还钱，又拖了一个月才还钱。

第三次，朋友再次向你借 5000 元钱，还是答应一个礼拜内还，请问你还借不借？这次，说什么你都不会借了，哪怕是朋友再苦苦哀求，你都会想尽办法找到不借钱的理由。如果朋友借的是 10000 元呢？那你就更不可能借给他了。

如果以上情况恰好相反呢？朋友第一次借了 5000 元后，在一个礼拜内就还给你了，那第二次再借 5000 元，你借不借？你当然会借。第二次朋友还是很守信用，又在一个礼拜内把钱还给你了，到了第三次，你还会借给他吗？你肯定会借。如果借的是 10000 元呢（在你的承受范围之内）？相信你也一定会借给他的。

建立个人信用的最好做法，就是承诺了就一定要做到，做不到的就绝对不要承诺。如果头三次你都能兑现承诺，第四次即使犯了错误，客户都会替你找借口；如果第一次就食言，你可能就会永无翻身之日。

◎解决问题

在产品销售的过程当中，客户经常会遇到各种各样的问题，例如：产品质量、物流配送、售后服务、顾客投诉、价格战、外来窜货、产品滞销等。对于在产品销售过程中遇到的所有问题，销售人员都要积极面对，不要推脱，用心帮助客户解决每一个问题。能够帮助客户解决实际问题的销售人员，是客户最喜欢的销售人员。

◎客户顾问

客户顾问的职责，就是在客户的经营与管理上为其出谋划策，为其支招，以帮助其提高内部管理水平、降低成本、减少费用、提升销售额、提高利润。具体来说，包括以下几个方面：

——通过管理输出，帮助客户完善人、财、物各项管理制度；

——通过培训，为客户培养优秀的店员；

——通过各项销售政策，帮助客户降低销售成本；

——通过各项市场政策，帮助客户减少市场费用；

——通过流量产品，为客户带来现金流；

——通过利润产品，帮助客户提高毛利率；

——通过畅销产品，为客户带来销售额；

——最终帮助客户提升经营与管理水平，使其获得快速稳定的发展。

能成为客户顾问的销售人员，一定会是客户的座上宾。

◎协助销售

很多时候，不是客户进了货就万事大吉了，如果客户的货卖不出去，那迟早都是颗定时炸弹。因此，货下下去以后，还需要协助客户进行销售。

所谓协助销售，指的就是帮助客户卖货。对于分销商客户来说，就是要协助分销，即协助分销商把货卖给下级分销商或零售商；对于零售商客户来说，就是要协助零售，即协助零售商把货卖给消费者。

协助分销，就是像将自己的产品卖给分销商那样，通过产品、销售、市场及人员杠杆协助分销商再把产品卖给下级分销商或零售商；协助零售，就是通过 POP 广告、促销员、店员培训、促销活动等方式协助零售商把产品卖给消费者。

协助客户进行销售，能够获得客户更多的认同，客户也非常喜欢这样的销售人员，会更加亲近这样的销售人员。

◎客户关怀

客户的生日，送去一份真诚的祝福；

逢年过节，给客户送去一份温馨的祝福；

客户开心的时候，共同分享其快乐与喜悦；

客户身体欠佳的时候，给予真诚的关心；

客户遇到困难的时候，尽最大能力提供帮助；

客户失意的时候，给予及时的安慰与鼓励；

客户取得成绩的时候，及时给予赞扬；

……

人非草木，孰能无情。给予客户全方位的关怀，能够增强你同客户的情感联系。只要你把客户当作亲人或朋友一样对待，反过来，客户也会把你当做亲人和朋友一样对待，这同样能够增强你同客户之间的情感关系。

6-2 谈判能力

对于一个分销型的销售人员来说，能否促进中间商提货或多提货，其下货谈判能力尤为重要。

在分销实践中，下货谈判能力强的销售人员，更能说服或引导客户提货或多提货，而下货谈判能力弱的销售人员，不仅无法说服或引导客户提货或多提货，还有可能会被客户所说服或引导。最后只能认为产品不下货，是产品不好卖的原因，而且产品也永远无法再下货了。

在本节，笔者将从了解需求、信息掌握、政策熟记、发动群众、威逼利诱和软硬兼施六个方面帮助大家提高下货谈判能力，具体如下。

◎了解需求

红顶商人胡雪岩的一句名言“在不知道对方想要什么的时候，先不要同他做生意”，讲的就是了解客户需求，堪称经典。在下货谈判中，只有了解客户需求（知道客户想要什么），你才能做到有的放矢。

那么，中间商的需求又是什么呢？好的产品，好的销售政策，好的市场政策，更多销售额，更少的投入，更多的利润，战胜竞争对手，提高经营与管理水平，提升行业地位，快速成长，持续成长，等等。归根结底，中间商最终的需求只有两个：第一是获取更多利润；第二是获得快速、持续的发展。

只要了解了客户的需求，我们就知道了该如何通过自身的产品满足客户需求，那么，我们的下货就会更有说服力。

◎信息掌握

正所谓“知己知彼，百战不殆”。商务谈判本身也是一场信息战，如果你事先了解对方信息越多，那么你的胜算就越大；如果你对对方一无所知，那么你一定会打败仗。

那么在下货谈判前，我们应该要了解中间商哪些重要信息呢？进销存数据、竞品销售信息、其他中间商销售信息等等。

其中，最重要的信息就是产品的进销存数据，即中间商之前进了多少货，这段时间卖了多少货，现在还剩多少货。掌握产品的进销存数据，对于产品下货来说非常重要，在下货谈判中，往往数据是最具说服力的，如果中间商卖得比较好或是库存较少，就可以很容易说服中间商再进货或多进货；当然，如果数据显示中间商卖得不好或库存较多，那我们就可以事先想想如何从其他方面来说服中间商提货或多提货。

竞品销售信息，是指厂商或供货商的竞品在中间商的销售情况。其他中间商销售信息，是指厂商或供货商的产品在其他中间商的销售情况。掌握竞品销售信息和其他中间商销售信息，能够帮助我们在下货谈判中，通过同竞争对手的比较，更好地引导中间商进货或多进货。

总之，对中间商的信息了解越多，下货谈判就越有胜算。

◎政策熟记

在下货谈判之前，一定要熟记产品政策，这是同中间商谈判很重要的砝码。通常产品政策能够给中间商带来更多利益，满足中间商更多需求。产品政策包含销售政策和市场政策，其中销售政策包括返利政策、折扣政策、提货奖励、首销政策、独家包销、买断销售、捆绑销售、价保政策、铺货销售、控货政策、销售竞赛等；市场政策包括广告支持、消费者促销支持、店主终端奖励支持、促销人员支持、终端物料支持、市场费用支持等。

◎发动群众

发动群众，就是发展内线，即同中间商内部人员搞好客情关系，通过其内部人员影响采购者的采购决策，以使采购者更倾向于采购或更多采购某个产品。

例如，发动中间商内部人员（尤其是销售人员）第一时间向上传递产品卖得好的信息，以增加采购者对这个产品的关注度；发动中间商内部人员（尤其是销售人员）第一时间向上传递产品库存减少的信息，以加快采购者对这个产品的采购或增加产品的采购数量；发动中间商内部人员第一时间向上传递竞争对手某个产品卖得很好的信息，迫使采购者不得不采购该产品；甚至发动中间商内部人员主动向采购者申请采购某个产品。

在下货谈判前，如果能够发动中间商内部人员帮忙影响采购决策，那下货谈判将会更加顺畅。

◎威逼利诱

在同中间商进行下货谈判的时候，要学会威逼利诱，往往是先“利诱”后“威逼”。所谓“利诱”，指的是用利益驱使中间商提货或多提货；所谓“威逼”，是指用威胁、恐吓的方式逼迫中间商进货或多进货。

“利诱”的方式多种多样，例如高额的返利、较低的进货折扣、诱人的提货奖励、产品首销、独家包销、买断经营、全程价保、延长账期、增加信用额度、市场费用支持等。如果利诱不成，往往就需要“威逼”。威逼的方式也多种多样，如取消代理权、切换渠道、畅销品控货、不给新产品、取消促销员名额、停止促销活动等。

在下货谈判中，可先进行利诱，利诱不行再实施威逼，相信在威逼利诱下，你的下货谈判会更加奏效，中间商也会心甘情愿地提货或多提货。

◎软硬兼施

在同中间商进行下货谈判的时候，也要学会软硬兼施。所谓“软”，指的是以放低姿态、博取同情的方式打动中间商使之提货或多提货；所谓“硬”，是指以强硬的态度要求中间商进货或多进货。

“软”的方式多种多样，例如“这个月压力太大了”“完不成任务就要下课”“这是我们的重点考核产品”“领导要来检查”“你不会看着我比别人差吧”“就差你帮忙，我就可以拿到奖励了”等。通常不是所有的客户都服软，有时也需要来“硬”的，“硬”的方式也多种多样，例如“干脆其他产品（畅销品）你也不要提了”“我只好撤掉所有促销员了”“我会暂停所有促销活动”“我们不得不撤掉专区专柜了”等。

“软”与“硬”也需要因人而异、因地制宜，该软的时候要软，该硬的时候要硬，不要一味地软，也不要一味地硬，把握好度，软硬兼施，你的谈判就会更加奏效，你也一定能达成下货目标。

6-3　库存管理

库存管理是指对中间商的产品库存进行监控，使其不偏离合理库存。

如果产品库存偏少，就会造成产品的销售机会减少；如果产品库存过大，就会造成中间商没信心也不愿再进货；如果产品库存能够保持在一个合理值，然后卖出多少又再进多少，这样就可以实现产品持续下货（正如前面的蓄水池理论所讲的道理一样），而且卖得越多，进得也就越多。所以保持合理库存，才是产品持续下货的最好办法。

那么，该如何保持中间商的合理库存呢？

首先，根据实际情况制定出中间商的产品合理库存值，需要考虑的因素包括产品特性、区域大小、网点数量、历史销量、物流配送时间等；

其次，准确了解中间商的当期产品库存数，有时通过前期进货和当期卖货的数据就可以推测当期库存数，有时通过产品调价盘库可以知道准确的库存数，有时通过同库房人员搞好关系也可以了解库存数……

再次，如果当期产品库存数快接近合理库存值，就需要提醒中间商准备进货，当期进货数＝前期销售数；如果当期产品库存数低于合理库存值，就需要催促中间商赶紧补货，以将库存数恢复到合理值，并按前期销售数再增加进货量，当期进货数＝合理库存数－当期库存数+前期销售数；如果当期产品库存数高于合理库存值，就需要协助中间商销售，使产品库存数尽快接近合理值，以实现产品再提货。

在分销实践中，销售人员必须加强中间商的库存管理，及时掌握产品库存，并将库存控制在合理范围之内，这样产品才能实现良性下货及多下货。

案 例

PP 公司（白酒）业务代表培训资料

——业务代表订货技巧

一、业务代表“做订单”的具体步骤

1. 第一步：检查客户记录卡上的数据；

2. 第二步：计算自上次拜访后的实际销量，如上次拜访时的库存数、上次订货量，本次拜访时客户的现有库存数等，以上这些数据应正确无误；

3. 第三步：建议新的订货量。

在建议新的订货量时遵循 1.5 倍的安全存货原则，具体计算方法如下：

1）安全存货量=上次拜访后的实际销量×l. 5；

2）建议订货量=安全存货量−现有库存。

二、备注

1. 1.5 倍原则是库存管理的主要内容之一，是经过很多公司的

销售实践总结出来的安全存货原则，具体数据是建立在上期客户销量的基础上，是本期建议客户订单的依据。

2. 按1.5倍原则备货是快速消费品销售人员必须掌握的工作职责之一，也是区别于其他销售行业、主动争取客户订货量并时刻掌握客户销售情况的营销策略；它建立在提高客户销量和利益基础之上，因而能赢得客户的信任，容易被客户采纳。1.5倍原则也是一个科学的依据，但是，正如很多营销规律一样，对其也必须灵活掌握应用，避免生搬硬套。比如遇到特殊情况时（如天气变化、节假日期间等），应适当变化，否则会影响销售。

3. 1.5倍原则用好了以后，可以保证客户有充足的存货，减少断货、脱销的可能性，保证客户随时都能买得到所需的产品，帮助客户不漏掉每次销售机会。

案例

QQ公司（通讯）客户代表培训资料
——客户进销存（PSI）管理

一、什么是PSI

PSI：针对市场管理而建立的信息系统

P——Purchase：客户、门店的进货情况

S——Sale：客户、门店的销售情况

I——Inventory：客户、门店的库存情况

二、客户进销存管理

××客户（日）进销存报表

产品	基础库存	期初库存	周一			周二			周三			周四			周五			周六			周日			本周			检讨
			进	销	存	进	销	存	进	销	存	进	销	存	进	销	存	进	销	存	进	销	存	进	销	存	
A																											
B																											
C																											
D																											
E																											
合计																											

1. 以上进销存报表，以客户为单位进行填写；

2. “基础库存”即该客户保证正常销售的最低库存，“期初库存”即该客户上周的实际库存；

3. 每天进行“进销存”的统计，并于每周进行至少1次的对该客户的实际盘库（在表格中体现出实际盘库的日期），以调整库存偏差；

4. 每天统计的库存如果高于基础库存，用红笔填写，即注意消化库存；如果低于基础库存，用篮笔填写，即注意补货；

5. 在“本周”栏填写本周合计的“进销存”；

6. “检讨”栏写出对日“进销存”的分析。

6-4 价格管控

价格管控是指对中间商的卖货价进行管理与控制，使其按厂商或供货商规定的统一价格销售，既不允许高价销售，也不允许低价销售。对于分销商来说，价格管控就是控制其出货价，即其卖给下级分销商或零售商的价格；对于零售商来说，价格管控就是控制零售价，即零售商卖给消费者的价格。

价格管控包括“控高”与“控低”两种。所谓控高，就是防止中间商抬高价格卖货。很多中间商为了谋取更高的产品利润，经常会抬高卖货价，这样经过层层加价，到了消费者手中价格就会很高，于是产品竞争力会下降，产品销售量也会大幅减少，甚至是难以卖动。

所谓控低，就是防止中间商降低价格卖货。很多中间商为了加快卖货速度、回笼资金或增加销量，经常会降低卖货价。对于分销商来说，就不可避免会出现窜货满天飞的情况，最后产品也就烂在渠道里了；而对于零售商来说，一旦其中一个拉低价格销售，马上就会引起市场上的连锁反应，于是价格战也就不可避免地发生了，价格打得稀巴烂，大家都没赚，最后谁都不会再卖这个产品了，这样，这个产品也就成了价格战的牺牲品。

在分销实践中，销售人员必须对中间商卖货价严加管控，尽可能避免高价和低价销售行为，以维持正常的市场价格秩序，杜绝价格战的发生。只有这样，才有中间商愿意提货或多提货，产品的生命周期才能得到维持甚至延长。

案例

RR公司（家电）价格管控

——RR公司经销商价格管控协议内容

为保证甲方产品的正常销售，在乙方代理区域内的产品零售价以甲方制定的指导零售价为准，向上浮动不得超过公司规定的指导零售价的10%，向下浮动不得低于公司规定的最低促销零售价；若乙方在代理区域内恶意降价，造成市场价格混乱的，甲方有权立即停止发货，严重者取消代理资格，并保留向乙方追索因此而造成甲方损失的权利。

（备注：甲方为RR公司，乙方为××经销商。）

案例

SS公司（食品）价格管控

——SS公司对于经销商低价销售的管理条例

一、低价销售的界定和类别

凡是以低于公司出厂价或发布的市场最低价格出货的均属低价

销售。其中，由经销商直接批发给下级批发商或零售商属直接低价销售；由经销商所属区域的批发商批发给其他批发商或零售商属间接低价销售；如出货价不低于公司出厂价，属于一般低价销售；如出货价低于公司出厂价或发布的最低价，属于恶意低价销售。

二、低价销售的责任人和连带责任人

与公司直接签订协议的经销商直接或间接发生低价销售均承担责任；在属于经销商管理的区域内发生低价销售，经销商负有管理责任，属于低价销售的连带责任人；在营业所经理和业务人员的区域内发生低价销售，营业所经理和业务员负管理责任，属于低价销售的连带责任人。

三、低价销售处罚标准

一般低价销售：对经销商处以1000元的罚款；恶意低价销售：对经销商处以3000元的罚款并停货1个月，进行全国通报。

6-5 窜货管控

窜货管控是指对中间商的窜货行为进行管理与控制，使其按厂商或供货商规定只能在指定区域内进货以及卖货，不允许跨区进货或卖货，更不允许低价跨区进货或卖货。

窜货管控包括“控进”与“控出”两种。所谓控进，就是防止中间商从外区进货。很多中间商为了获得更低的产品进货价、谋取更高利润，经常会从外区低价进货（窜货），然后再在本地销售。这样就会减少本区域的产品下货量，即本区域中间商在帮外区中间商卖货。不仅如此，还有很多中间商从外区低价进货后，会利用其进货价格优势在本区域低价销售、恶意竞争，结果就会导致其他中间商的不满或跟价。如若其他中间商不满，就会影响其产品提货积极性，如若其他中间商跟价，就又会造成价格战，大家都没利润，最后也就没有人愿意再提货了。

所谓控出，就是防止中间商往外区卖货。很多中间商为了加快卖货速度、回笼资金或增加销量，经常往外区低价卖货（窜货），但是外区市场厂商或供货商的销售人员和中间商也不是省油的灯，他们会积极收货并进行窜货投诉，因为厂商或供货商严厉的窜货处罚条例，窜货的中间商很可能会遭受重大经济损失，更甚者会因为受到了重大打击，从而丧失了产品进货的积极性。

在分销实践中，销售人员必须对中间商的窜货行为严加管控，尽可能避免“窜进”与“窜出”的行为，以维持正常的市场秩序，杜绝因窜货引发的价格战发生，只有这样，才有中间商愿意提货或多提货，产品的生命周期也才能得到维持甚至延长。

案 例

TT公司（饮料）窜货管控
——TT公司经销商窜货管控条例

一、内部窜货

区域内窜货的，不论何种形式窜出，窜货查证以收货为准（10件以上）：

1. 窜货50件以下的，一经查实，对窜货经销商罚款20000元，区域范围内通报，交齐罚款后继续经营；

2. 窜货50～100件，罚款40000元，区域范围内通报，交齐罚款后继续经营；

3. 超过100件或当月连续两次窜货，取消经营权，保证金不予退还，并取消当月所有返点及促销补货；

4. 处理过程中不配合或不认可公司查证结果，对公司权威产生怀疑者，公司有权单方面终止经销权，并取消经销商当月所有返点及促销补货；

5. 发生以上窜货行为，对所辖区域的销售/KA部长负激励300元/次，区域或主管负激励100元/次。

二、对外窜货

经销商应报送公司，公司负责对外交涉处理，如第一时间不积极主动处理，而等靠拖延，导致最终处理不利者，损失自负。本区域内的对外窜货，将由窜货区域无条件按照对方要求收回窜货。

1. 一经查实，对本区域经销商给予100元/件的处罚，并在规定时间内收回（运费自理）；（见公司窜货通知单）

2. 对于窜货的查实权威性表示怀疑的、不配合公司的经销商给予20000元/次的处罚，情节严重给公司带来不良影响的，直接取消其经销权及当月所有补货；

3. 当月发现二次窜货的，直接取消其经销权及当月所有补货。

案例

UU公司（食品）窜货管控

——UU公司经销商窜货处罚条例

一、窜货类型

根据经销商窜货的数量和价格，把窜货行为分为两种类型。

1. 一般窜货：一个月内窜货数量大于5件，窜货价格不低于公司的出厂价或发布的市场指导价，未对被窜货市场造成严重损害的行为。

2. 恶意窜货：一个月内窜货数量超过5件，且窜货的价格低于公司的出厂价或发布的市场最低限价，同时给被窜货市场造成恶劣影响的窜货行为。

二、窜货处罚条例

1. 一般窜货：

窜货5～30件，经销商按市场价格支付收购金额，承担货物回收运费，处以1000～3000元的罚款；窜货达到30件以上，除按以上标准处罚外，进行全国通报、警告。如数量达到100件以上，将取消经销商的经销资格。

2. 恶意窜货：

①窜货5～30件，经销商按市场价格每件加10元支付收购金额，承担货物回收运费，并处以3000～5000元罚款。

②窜货30～100件，除按上述罚款外，经销商停止发货1个月。

③窜货100件以上，解除经销商经销协议。

④在一年内发生3次窜货通报的经销商解除经销协议，被罚的款项由销售部负责划拨到被窜货的市场，用作市场促进费用。

6-6 回款管理

回款管理是指对中间商所欠货款进行跟催，以及时收回货款。

回款，对于一个分销型的销售人员来说，是非常重要的，如果没有收到钱，那不叫销售，因为通常厂商或供货商都会给予中间商一定的进货账期，即中间商的付款方式是“先货后款”，也就是中间商先收到货后再在一段时间内付款，所以，真正意义上的销售就是要及时地把钱收回来。

然而，在现实中，很多中间商不会在规定的时间内付款，尤其是在大型节假日的时候，总是会出现拖款的现象。拖欠货款的原因很多，有客观的，或者销售速度慢、资金回笼慢、无法及时回款，或者销售量小、全压在库存上，暂时没有钱回款；也有主观的，例如故意占用厂商或供货商的资金进行再投资，等等。总之，无论什么原因，对于销售人员来说，如果货款不能及时收回来，一旦超出账期，公司就不会给客户发货，不给发货也就无法实现产品再下货，就是产品卖得再好，中间商也提不了货。

在分销实践中，销售人员必须加强对中间商的回款管理，制订合理的产品下货计划以防库存太多难以消化而影响结款，协助中间商进行销售以提升产品销售速度及销售量，加快中间商资金回笼，建立良好的客情关系……以实现中间商及时或优先回款。只有这样（及时收回货款），才能尽快实现中间商的再提货，促进产品的良性下货。

案例

VV公司（饮料）销售代表培训资料

——货款结算跟催流程

一、制订每周收款计划

每周一上午从客户服务代表处查询应收款档案，根据客户的订货日期和回款期，将本周到期需要支付货款的客户及其金额等记录于“每周收款计划”。

二、及时通知客户

根据“每周收款计划”打印“货款结算通知”，先将货款结算通知传真至相应客户，通知客户对账并付款，通常在货款到期日前3天传真至客户。

三、及时与客户对账

在客户收到“货款结算通知”后，及时同客户进行对账，并跟进客户对账和付款情况，及时发现和解决有关问题，如有任何疑难，立即与分管经理联系。

四、及时跟催客户汇款

在同客户对账无误、完毕后，及时跟催客户付款，确保客户于到期日前支付货款。

案例

WW 公司（日化品）销售代表培训资料

——零售客户收款技巧

1. 开新店时，必须明确付款条件。

2. 找到商店最适当的交款时间，事先联系，遵循定期收款的原则，必须让商店习惯于每月定期一来，就可以结清货款。

3. 收款时，要态度坚决，不可低姿态。不要说“经理，您今天结账方便吗？方便的话，把账结清吧。”这类的话，否则容易让商店找到借口拖延。

4. 销售人员与商店合作关系较好，则收款会比较顺利。

5. 对于回款较差的店，销售人员必须增加拜访频率，重点拜访。

6. 销售人员必须帮助商店做好产品销售，确保库存量在合理范围内。

7. 该付给商店的陈列费，换残等一定要及时处理。各种票据准确无误，以减少商店的借口，节省时间。

8. 掌握好订货和收款的规律。

9. 销售人员必须准时收款，不能拖延。

第三部分　拉动 Sell out

拉动 Sell out 需要做好以下四件事：

终端形象：通过终端形象建设与维护，提升产品的终端销量；
促销队伍：通过构建强大的促销队伍，提升产品的终端销量；
店面人员：通过发动店面人员的力量，提升产品的终端销量；
促销活动：通过开展消费者促销活动，提升产品的终端销量。

第七章 终端形象

在分销实践中，终端形象是指产品在终端（零售店）的整体形象，终端形象是影响产品终端销量的重要因素，终端形象建设与维护主要包括产品陈列、POP陈列等内容。

销售部：终端陈列，要按照标准执行，突出重点，适当强调差异化，随时关注终端陈列的更新维护。

市场部：产品陈列，扩大产品露出。考核点：常态化陈列达标（有产品、小型物料、大型物料）、阶段性活动物料陈列达标。

商务部：终端陈列的位置一定要有利，使顾客一眼就可以关注到。

商务部：终端作业，除了严格按照公司指引做好硬终端的建设外，还应有强烈的维护意识，现在有很多情况是我们刚做完，10 分钟后可能就面目全非，只要没人检查就过了，所以维护是很重要的工作。

商务部：终端陈列要有时效性。新品即将上市的时候，要把产品宣传物料及时上柜；退市的产品，要把产品宣传物料及时下柜。

客户代表：合理利用公司的资源，比如物料和礼品，物料摆放要突出、抢眼；礼品要露出或有海报明示；柜台内产品的摆放要突出、显眼，并有美感。

客户代表：在终端所有可以利用的地方投放合适的资源，提高产品的曝光度，营造良好的销售氛围。以强大的终端形象建设压制竞品信息，注意细节，终端陈列错落有致，保持价格、卖点及时展现。

市场督导：利用各种物料提高产品在终端的整体形象及曝光度，让终端所有可以利用的地方都展现公司产品的影子，另外还要使产品功能一目了然、陈列错落有致。"好的陈列"自己会说话、会促销，充分结合产品自身的特点、展示产品功能、产品间隔适当——最重要的是，让消费者看着舒服、购买欲望被悄悄激发的，就能算"好的陈列"。

市场督导：一个好的终端陈列，会使产品本身成为一个广告，它可以抵半个促销员、半个艺术家和一打广告商。我们可以通过良好的客情关系、专业的知识、敬业的心获得客户支持，在店外、店内、柜台内，利用所有可以利用上的，比如标价签、海报和其他宣传品，占据有利的黄金点，将终端的陈列生动化。

办事处助理：陈列方面，是否能做到有效陈列是关键。陈列的次序、主推产品的突出、走量产品的相应搭配、高端产品的合理摆放，一切陈列都是为了更好地销售。

7-1　产品陈列

产品陈列是指产品在终端门店的展现形式，产品陈列的最大目的就是吸引消费者的眼球，更能增强其对产品的好奇心，从而提高其对产品的关注度。

产品陈列一般遵循以下四个原则：第一是面积最大化，第二是位置最好，第三是最具生动化，第四是持续性。面积最大化原则，是指产品在柜台或货架内的摆放面积越大越好，这样就可以抢占消费者的眼球。位置最好原则，是指产品在柜台或货架内的摆放位置最显眼、最突出，能够更好吸引消费者的眼球。最具生动化原则，是指产品在柜台或货架内的摆放与众不同、个性鲜明、生动活泼，这样更容易吸引消费者的眼球。在柜台或货架中，谁的产品陈列更能吸引消费者的眼球，增强消费者的好奇心，谁的产品受消费者的关注度就越高，那么消费者购买的可能性就越大。持续性原则，是指以上三个原则在时间上需要保持一定的持续性。例如第一天摆放在最好的位置，第二天就不是了，或者隔几天是、隔几天又不是，这就不算是一个好的产品陈列，只有在一定的有效时间内以上三个原则都能获得持续性的满足，才是最佳的产品陈列。

在分销实践中，为了实现最佳产品陈列，众多厂商或供货商都已投入大量资源，不惜一切代价以获得最大陈列面积与最佳陈列位置；而其销售与市场人员也在不断追求卓越、积极创新，以使产品陈列更具生动化；除此之外，大家还会对以上产品陈列进行积极的日常维护，以获得时间上的持续性。产品陈列的好与坏能够直接影响产品的销售，销售人员一定要遵循以上四条原则，以实现最佳产品陈列，获得更多销售机会。

案 例

XX 公司（饮料）产品陈列

——产品陈列规范要求

1. 抢占第一位置。所谓第一位置应具有以下特点：

（1）产品能最大程度地进入消费者视野；

（2）消费者第一眼就能看到产品；

（3）消费者最方便拿到产品的地方；

（4）高度以中等身材（170cm 左右）消费者双眼平视为宜，保证在视平线至腰部之间位置。

2. 占据最大陈列空间：

（1）每个品项的产品连续 4 盒以上的并排摆放将取得较理想的视觉效果；

（2）必须遵循“竞争优势”原则，不管在任何情况下，陈列空间必须大于一切竞品；

（3）紧靠陈列：各品项的产品必须上下左右紧靠一处陈列，不能被其他品牌隔开；

（4）主打产品占公司所有产品陈列空间的 50% 以上的陈列面积。

3. 包装平行：

(1) 同一类型包装水平陈列；

(2) 产品垂直；

(3) 同一品名不同包装垂直陈列；

(4) 上轻下重：轻的包装放在上面，重的放在下面；

(5) 借光：摆在同类畅销产品旁边。

4. 先进先出：

必须将距保质期近的产品陈列在表层或表面。

5. 三种不可饶恕的错误：

(1) 陈列在货架或柜台的底层；

(2) 与杂牌混放；

(3) 断货，无异于自杀。

6. 落地陈列、堆头等完成陈列后，故意拿掉几个（包）产品以留下空隙方便顾客拿取，同时借此显示商品好卖。

案例

YY 公司（食品）产品陈列

——YY 公司产品陈列销售奖励协议书

尊敬的客户（店主）：

您好！

为感谢您长期以来对本公司产品销售的支持和厚爱，我司将开展产品终端陈列奖励活动，帮助您在销量和利润上有一个新的增长点。

一、陈列时间

____年____月____日至____年____月____日。

二、陈列要求

1. 确保售点内我司L系列产品品项明细如下：

____

2. 堆头陈列：必须要有店前堆头，位置在________显眼地段，至少确保本产品不少于____箱，面积____平方米。

3. 货架陈列：货架上必须有____个品项；有____个排面，且陈列在货架__________位置。

4. 协定期内，店主或店员必须主动宣传L系列产品卖点，并优先推荐L系列产品，确保L系列产品月销量好于上年同期和上月。

5. 协定期内，不得随意改变陈列位置，并要保持陈列产品的摆放整齐和清洁卫生。

6. 协定期内，严格遵循公司的价格体系，不得将奖励折价在产品中低价销售，一经发现，公司有权单方面终止本约定，并立即取消所有奖励政策。

三、陈列奖励

1. 陈列期间我司将安排专人对合作售点进行陈列检查，每月不少于3次，并将检查结果及时通报您。

2. 陈列结果达到我司要求并完成销售____件，则在次月的10日前给予奖励____。

3. 此次活动的最终解释权属YY公司××办事处。

售点名称：YY 公司

售点地址：	业务代表签字：
客户签名：	经销商签名：
日　　期：	日　　期：

7-2 POP 陈列

POP 陈列是指产品 POP 广告在终端门店的展现形式。产品 POP 广告也称“购买时点广告”或“销售时点广告”，是指在购买点（零售门店）内外设置的产品广告，其中有树立产品形象的 POP 广告，也有传递产品功能及卖点的 POP 广告，还有传递促销活动信息的 POP 广告等。

POP 通常是指在购买点（零售门店）内外设置的所有促进产品销售的广告物，包括门头广告牌、户外广告牌、拱门、促销台、帐篷、立牌、堆头、横幅、吊旗、灯箱片、易拉宝、X 展架、海报、折页、单张等等。

产品 POP 广告分为三种，第一种是树立产品形象的广告，第二种是传递促销信息的广告，第三种是既树立产品形象又传递促销信息的广告。做好 POP 陈列的目的是为了树立产品形象，传递产品功能及卖点，传递产品促销活动信息，吸引消费者注意力，激发消费者的购买欲望，从而促进消费者购买。

在分销实践中，POP 陈列也需要遵循面积最大化、位置最好、最具生动化和持续性四大原则，以提升 POP 曝光度，增强 POP 的生动性，更好地吸引消费者眼球，向消费者传递产品功能及卖点、促销活动等信息，从而激发消费者的购买欲望。

案 例

ZZ公司（通讯）POP陈列

——ZZ公司POP陈列规范要求

1. 店外POP陈列：在进入零售店以前吸引消费者的是店外的横幅、立牌、堆头等。

2. 店内POP陈列：进入零售店以后是店内的海报、灯箱、横幅、吊旗、堆头等。

3. 柜台POP陈列：很多人直奔手机柜台，这个时候最吸引他视线的就是柜台上的台卡。

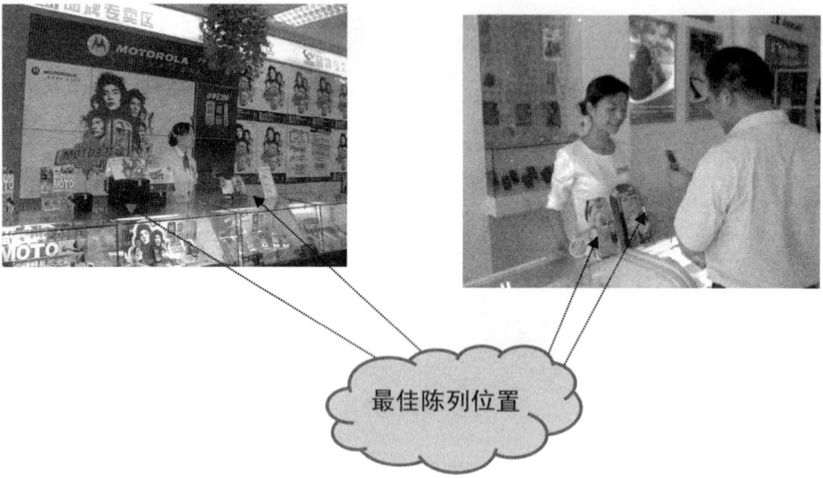

4. 柜内POP陈列：柜台内的生动化将起到最后、最关键的作用。

案例

AAA 公司（IT）POP 陈列

——AAA 公司 H 产品终端包装合作协议书

甲方：＿＿＿××零售商＿＿＿

乙方：＿＿＿AAA 公司＿＿＿

经双方友好协商，对于乙方 H 产品的卖场终端包装事宜拟定如下协议：

1. 甲方向乙方提供位于＿＿＿＿＿＿＿＿（卖场名称）；有效期＿＿年＿＿月＿＿日至＿＿年＿＿月＿＿日，此协议自签署之日起生效，发布费用＿＿＿＿＿元（大写）。

店外	门头、橱窗、外墙贴、立柱	至少两种	至少包装两个以上位置，物料品种不少于四种
	堆头、立牌、X 展架	至少两种	
店内	空中位置（吊旗、横幅）	至少一种	
	堆头、X 展架、立柱	至少两种	
	单店促销	陈列支持	堆头、展台、展架、临促
专区	空中位置（吊旗、横幅、手写海报）	至少一种	至少一个位置，物料品种不少于一种
	地面位置（堆头、灯箱片、台卡）	至少两种	

2. 活动期间门店销售目标：＿＿＿台/月，甲方若达成门店销售

目标，乙方则支付全额发布费；甲方若未达成门店销售目标，乙方按实际达成门店销量______元/台支付，最高不能超该门店总发布费用的70%。

3. 甲方负责提供场地，并协助乙方人员进行现场布置。

4. 乙方负责向甲方提供适用于上述位置包装所用的各种陈列物料。甲方承诺在本协议生效期间，在未得到乙方同意之前，不得更换或撤下乙方提供的促销展台及各种宣传物料。

5. 甲方有责任对协议合作项目进行维护和清洁，保证乙方在其卖场的产品宣传形象维护。

6. 如甲方所经营之该店铺在协议期间有内部装修或搬迁等特殊情况发生，需提早一周通知乙方。根据此协议的精神，甲方应为乙方在装修后或新店铺中至少免费保留同样时间段且有同样宣传效果的合作项目位置。

7. 发布费用的支付：乙方于发布之日起____日之内付款，付款形式________（转账或冲抵货款）。

8. 协议附件：如甲方属于连锁经营性质，双方商议达成的协议包装店店名及店铺地址明细需以附件形式体现，本协议所述包装要求适用于所有协议店铺。

9. 如有未尽事宜，双方友好协商。

10. 本协议一式两份，双方各持一份。

甲方：　　　　　　　　　　乙方：

经办人：　　　　　　　　　经办人：

日期：　　　　　　　　　　日期：

第八章 促销队伍

在分销实践中，促销队伍强大与否，是影响产品终端销量的重要因素。促销队伍建设与管理包括招聘、培训、考核、激励等内容。

市场部：促销员是终端市场工作的执行者，需要具备长期坚持、勤奋的工作态度，真诚热情的服务理念，专业的行业知识，较高的职业素养，这样既能在客户面前提高我们公司的企业形象，还可以给客户一种可以信赖和依靠的感觉，再通过我们完善的服务，使他愿意与我们紧密合作！

市场部：加强促销员团队管理，稳定促销队伍，提升促销员技能，借助促销员维护门店日常管理与客情。考核点：促销员销量达成好坏、工资提成高低、流失率。

商务部：对促销员上市前产品知识和卖点的培训一定要到位。

商务部：保证促销员的利益，逐渐培养他们和公司的感情，让他们帮我们在终端抓住销售机会。

商务部：对于促销队伍的培训也很重要，即使产品再好，如果我们的促销员不知道卖点，那么产品还是不能被更好地推广。

客户代表：对促销员的管理，这个责任对于客代来说也是责无旁贷的，促销员对客代的整体销量也是起着至关重要的作用的。

客户代表：加强促销员管理，对促销员要加大关注度，对他们的任务和绩效考核办法要了如指掌，同时要将培训作为一种习惯，没有 out 就没有 in，所以出发点还是在他们身上。

客户代表：客代要提高门店拜访次数，多关心促销员，只有保证促销员有一个良好的销售心态，才能产生更大的销量。

促销员：促销员需要的知识与技能，是在终端销售能用到的，是能提升销量、增加收入的方法。但很多培训仅仅是产品知识的宣读，罗列书本上的销售技巧，照本宣科根本不具备针对性与实战性。产品知识宣读，促销员自己都能读，何必还需要讲师？终端销售技巧的书，书店里排成排在卖，自己想学买回来就行了，干吗要听老师来读书？想要充分调动促销员的学习积极性，一定要全面了解促销员的培训需求，哪些知识、技能需要加强、提升。

促销员：促销员在营销环节中的重要性无须多言，但目前促销员的文化层次、素质修养、销售技能参差不齐，对待学习的态度各有不同。促销员做为终端销售的关键因素，对其进行产品知识、销售技巧、心态的调整尤为重要。

8-1　招聘

促销员是厂商或供货商在零售门店派驻的直接或间接进行产品销售的人员，一般直接进行销售的人员是指常促，而间接（辅助）进行产品销售的人员是指临促，本章所指均为常促。

促销员是厂商或供货商在终端投入的重要资源，促销员的好与差，会直接影响产品的终端销量，所以，谁都想招到优秀的促销员。那么，我们该如何招聘优秀的促销员呢？

首先，我们要确定优秀的促销员是什么样的。

优秀的促销员就是会卖货的人。会卖货的促销员有两类：第一类是自己能卖货的促销员，即促销员的个人销售能力很强，能够卖很多货；第二类是既能自己卖货又能影响他人卖货的人，即促销员不仅自己能卖货，还能影响店内其他人员帮忙卖货。所以，第二类促销员才是真正意义上的优秀促销员。

其次，我们要知道如何识别优秀的促销员。

如果是测试个人卖货能力，除了通过过往工作经验、销售业绩进行求证与判断外，最好的方法就是进行现场测试，即现场随机拿出一个产品让应聘者进行销售，以测试其销售能力；如果是测试其影响他人卖货的能力，可以通过问题引导的方式了解，例如，“你认为优秀的促销员是什么样的？”，“每个月都能完成任务，你是如何做到的？”，“当你不当班的时候，如何提升销量？”，“在那个月的销售中，有多少是你自己卖的？”，等等。

最后，我们要知道该如何招聘优秀的促销员。

促销员的招聘通常有两种方式：第一种是选聘，即通过网站、报纸、人才市场等渠道发布招聘信息，然后求职者参加面试，用人单位通过面试评估确定录用人选的招聘方式；另一种是挖聘，即从竞争对手或其他行业挖猎促销员或零售店员的招聘方式。而对于优秀的促销员，一般流动性比较小，往往都需要通过挖聘的方式才能获得。

在分销实践中，招聘是促销队伍建设与管理的第一步，也是最为关键的一步。如果种子不好，无论怎么呵护，浇水施肥，都难以开花结果，或者说难以开好花结好果。因此，要想提升零售门店的销量，从一开始就要抬高标准，招聘优秀的促销员。有优秀的促销员在，就更能开好“终端销量”这朵花、结好“终端销量”这个果。

案 例

BBB公司（通讯）促销员招聘

——BBB公司促销员任职条件

1. 最稳定的年龄段：25~30岁；

2. 最能发挥价值的年龄段：22~30岁；

3. 能较好发挥作用，对其他促销员有影响力的年龄段：23~30岁；

4. 实际情况女性比男性更稳定，但男性促销员成长更快；

5. 具备零售工作经验（特别是品牌专卖），人际关系能力较强的促销员，能更快融入团队，更快适应业务模式，更能赢得其他店员的支持，业绩也提升较快。

案 例

CCC 公司（家电）促销员招聘

——CCC 公司促销员挖聘战术

一、准备

1. 打探与验证。优秀的促销员一般在卖场有一定的影响力，通过平时走访卖场，与促销员打成一片，对同行多多关注，对优秀促销员的了解就会比较清楚，同时也可以提升自己的亲和力。

2. 关注与观察。一旦发现目标，则进行持续的关注：

1）促销能力和技巧；

2）周边人际关系；

3）品性；

4）敬业精神。

二、接近

1. 沟通。每次进行市场巡视时，除了跟自己的促销员交流以外，也要多多和其他促销员聊天，从他们那里不但可以得到自己促销员的工作状态的反馈，还可以获得很多意料之外的竞品信息。

2. 关怀。对于自己看重的促销员，最简捷的接近方法是“在恰当的时候给予一定的人文关怀”。

技巧：在适当的时候拿出小润喉片、巧克力糖等；适时伸出援手帮忙搬货品或者礼品；在卖场等他（她）一起下班，一起走出卖场；偶尔请吃便饭，等等。

3. 威信。自己身体力行，在卖场对我们自己的产品进行销售，树立自己在他（她）心目中的良好形象，用所在卖场的良好销量使他（她）对你产生敬畏。

三、策反

1. 深入渗透。安排一个我们非常优秀的促销员到其所在卖场，或者创造机会介绍我们一个优秀的促销员给他（她）认识成为朋友。通过我们促销员的良好素质，对公司企业文化的宣传，以先进的促销员管理方式及有吸引力的薪资待遇水平对其产生影响。

2. 探测去留。适当的时候旁敲侧击探询他（她）对他（她）所在公司及我们公司的感觉，让其感受到你的热情和邀请。

四、主动出击

如果发现对方确实是我们所需要的人才，而且对方由于某些特定的原因，对现有公司工作存在较大的心理波动，作为促销管理人员或业务人员应该不失时机、主动出击，明确提出自己的想法，诚恳地邀请对方，并且耐心地描述我公司的优势，细致地进行思想诱导。相信通过前期所做的种种努力和你实实在在的敬业精神以及你真诚的邀请，最终你一定能够如愿以偿。

8-2　培训

促销员的培训基本上分为三大类：第一类是公司层面的，即公司简介、企业文化、规章制度、行业知识等；第二类是观念、态度方面的培训；第三类是产品销售方面的培训，即包含产品知识、销售技巧以及知识技巧的实际应用。

公司层面的培训一般在促销员入职的时候进行；观念、态度方面的培训则是促销员的基础培训；而产品销售培训对于提升促销员的产品销售能力来说，至关重要。

培训者要教促销员什么？教促销员如何运用学到的产品知识、销售技巧等方面的知识去解决“产品销售”这个难题，以达到产品销量最大化。所以产品销售培训的核心在于三大块，即产品知识、销售技巧以及知识技巧在产品销售中的实际运用。

产品知识包括目标用户、产品产地、产品特性、产品功能、产品参数、产品卖点、竞品对比、用户价值等；销售技巧包括产品销售整个步骤中所使用的技巧，主要是指了解需求、产品推荐、处理异议、达成交易等方面的技巧；实际运用是指将产品知识与销售技巧结合起来，运用到产品销售当中，有时也会提炼出相关销售话术，以利于促销员更好地进行产品销售。

对于产品知识和销售技巧，可以通过讲师授课的方式进行培训；但是如果想要提升促销员的知识与技巧的实际运用能力，必须采取角色扮演、情景模拟、互动交流、经验分享等培训方式，以使培训水平接近或达到实战水平。

在分销实践中，很多厂商或供货商都对促销员的培训非常重视，但是大多数培训都没有起到很好的培训效果，讲师们照本宣科，学员们囫囵吞枣、死记硬背，结果到了销售实战中既不能灵活应用，也不能帮助促销员提升销售业绩。除了产品知识、销售技巧外，最重要的培训就是知识技巧在产品销售当中的实际应用，这样才能提高促销员的实战销售水平。

案例

DDD公司（家电）促销员培训

——DDD公司促销员培训策略

一、新人入职培训

新人入职正式开展工作前，对其进行企业的历史文化、行业基本情况、导购员的基本要求、基本礼仪与导购技巧、基本的产品知识、日常工作规范与注意事项等进行初步培训。

二、新产品上市培训

新产品上市前一周，对产品的知识、功能、卖点、顾客推荐用语进行培训。

三、主题销售技巧提升培训

定期固定相关主题，对销售技巧进行提升训练，要求进行现场演练过关。

四、周例会培训

固定周例会日期，由办事处经理主持，开展对各类促销员活动的宣导，主推产品新卖点提升等相关培训。

案 例

EEE 公司（通讯）促销员培训

——EEE 公司 F 产品上市促销员培训计划

一、培训整体规划

阶段	时间	培训地点	培训形式	提供支持
第一阶段	10 月 9 日—10 月 15 日	办事处、区域	周例会宣导学习	总部下发产品培训资料
第二阶段	10 月 16 日—10 月 20 日	分公司、办事处所在地	集中互动式会议培训	总部下拨费用用于场地租赁、礼品购买

二、培训重点

1. 办事处、区域首先利用总部下发产品培训资料，在促销员内部组织学习、宣导。

2. 10 月 16 日起，各分公司、办事处所在地根据总部下拨费用正式召开产品上市培训大会。

3. 培训要求：在培训会现场通过有奖问答、游戏等方式增强培训现场的互动性和实际效果。

4. 培训讲师：邀请总部专职讲师进行，或由办事处市场专员或兼职培训讲师进行。

5. 培训内容：F产品知识，终端销售技巧，竞品针对销售话术。

6. 考试：总部统一下发F产品考试题目，培训会后统一进行考试。我司促销员成绩低于90分者，须现场给予处罚（如表演节目等），并择日单独进行二次考试。

7. 培训资料及考题请登陆公司PORTAL进行下载。

三、附录：竞品对比销售话术

（一）F产品vs P产品销售话术

1. 从外形设计对比（切入点：A滑盖、B外观、C可配合相关的演示）：

1）P产品采用了滑盖的开启方式，试过真机以后您会发现P产品推动滑盖会有生涩的感觉，您再亲自感受一下我们这款滑盖手机的助力滑盖系统，每次开合都是干脆利落的……

2）F产品在外形设计上也是非常勇于创新的，这种外形设计的手机，您在手机卖场里面是肯定不会随处可见的，要是您带上这个手机上街肯定会成为焦点，也绝对不用担心会和别人“撞机”了。

2. 从音乐、多媒体方面对比（切入点：A音乐功能、B多媒体、C可配合相关的演示）：

1）您再看看F产品的扬声器，它和P产品有着很大的区别，就是F产品配置了独特的对称式立体声扬声器，它不但传播速度快，而且指向性好，提高了声音的清晰度，让播放效果更出众（让客人试听）；

2）F产品多媒体功能也异常强大，照片可以支持自动横竖屏观看，连浏览网页都可以根据您的动作而自动翻转屏幕的显示方向，非常人性化。

3. 从其他方面对比（切入点：A 操作速度、B 可配合相关的演示）：

P 产品采用了成熟稳定的 S40 平台，而我们的 F 产品同样采用了先进新平台软件，手机操作运作如飞，没有任何的延迟现象。

（二）F 产品 vs Q 产品销售话术

1. F 产品采用的是 320 万像素的摄像头，同时支持自动变焦，高清照片保持质量，同时内置四连拍功能，犹如照相机一样，轻松拍摄瞬间照片；而 Q 产品仅仅是 200 万像素摄像头，并不支持自动变焦，相对 F 产品的拍照功能是有明显差距的……

2. F 产品不仅仅和 Q 产品一样支持乐摇、心境感应、WALKMAN 3.0 等强大功能，更拥有了独特的对称式立体声音箱，支持双人立体声耳机，与朋友分享的喜悦是 Q 产品所不能比拟的；

3. Q 产品反应速度较慢，后台播放音乐时手机较卡，而 F 产品则采用了先进的新平台软件，手机操作运作如飞，不会有任何的延迟现象。

（三）F 产品 vs R 产品销售话术

1. F 产品为独特对称式立体声扬声器，声音相互叠加，音量更大更清晰，更具立体感，覆盖范围更广，而 R 产品为单扬声器，在音质和音效上无法和 F 产品相比；

2. F 产品采用 WALKMAN3.0 播放器，在原有的基础上更提倡便携式音乐播放器的概念，具有更人性化的管理界面和音乐分类，如心境感应功能等；

3. F 产品摄像头是 320 万像素自动对焦摄像头，配合 2.2 英寸的高清晰 TFT 彩屏，让您在拍摄时更随心，拍摄的照片色彩更绚丽，而 R 产品仅为 200 万像素，且屏幕为 2.0 英寸，在拍照及显示方面差距较大！

8-3　考核

考核是一种导向，是一种牵引力，也是人们工作的风向标，即你考什么，人们就会做什么；你重点考什么，人们就会重点做什么。考核还是一种激励机制，如果考核合理，公平公正，干得好多拿、干得差少拿，一切凭绩效说话，那么就可以激发人们的最大潜能。

促销员的考核一般以销售业绩考核为主，日常工作考核为辅。促销员的考核指标包括销量完成率、考勤、终端形象维护、仪容仪表、产品知识、销售技巧、客情关系、报表提交等，其中销量完成率为销售业绩指标，其他为日常工作指标。

促销员的考核周期一般为 1 个月，通常销售业绩指标权重的占比较高，一般超过 60%，有的甚至超过 80%，这就是所谓的以结果为导向的考核。当然，有的企业也会加大过程考核，增加日常工作指标的权重，以促使促销员提升自身素质及销售能力，从而提高销售业绩。考核指标一般控制在 5 ~ 6 个，每个指标都会有明确的定义或计算公式、相应的目标值及评分标准，且每个指标的权重不低于 5%。

促销员的考核结果通常都会同其奖金直接挂钩，月度奖金 = 月度奖金基数（各产品提成总和）×奖金系数（考核得分/100）。通过此公式不难看出，考核得分越高奖金也就越多，而考核得分 = Σ各指标得分×权重，所以要想多拿奖金就需要提高考核得分，要想提高考核得分就要提高每一指标的得分，于是考核就实现了其导向功能，鼓励促销员往考核指标上努力，提高每一项得分，从而获得更多奖金。

不仅如此，从上面公式中我们也能看到，得分高奖金就高，得分低奖金就低，也能在分配上打破平均主义，实现多劳多得、少劳少得；既能够做到奖优罚劣、奖勤罚懒、激励先进、鞭策后进，又能够进一步激发促销员的工作积极性和创造性。当然，考核结果还应用于薪资调整、职业发展等方面，因此得分越高的促销员，获得的个人收入、职业发展的机会也就越多。

在分销实践中，许多厂商或供货商通过考核牵引促销员的行为，让促销员把注意力放在最重要的事情上，提高其工作效率；鼓励多劳多得、少劳少得的分配方式，从而激发促销员的积极性。行为的正确引导和良好的分配方式能够挖掘促销员的最大潜能，从而能够最终提升终端销售业绩。

案 例

FFF 公司（食品）促销员考核

——FFF 公司促销员月度考核方案

一、考核指标

促销员每月工作绩效的评价指标包括：实际销量完成率、促销活动开展情况、报表完成情况、产品展示及 POP 使用效果、现场抽查情况等五项。

1. 实际销量完成率。其中：销量以商场的进货价计算，单位按元（人民币）计算；销量任务目标是由上级主管根据商场环境，规模以及平均销量、历史记录等综合因素，最终确定的可行性结果，此结果应每月制定一次。

（注：本项指标占到全部评价项目65%的比例）

2. 促销活动开展情况。配合公司在各个档期推出的促销活动，积极在本人负责的商超开展促销活动，及时如期执行。

（注：本项目评价指标占全部评分总项目10%的比例）

3. 报表完成情况。按公司管理规定，准确、及时地完成当日相关表格的填写及相关信息反馈资料的总结，如未完成，则视为违反条例。

（注：本项目评价标准占全部评价标准总项的5%）

4. 产品展示及POP使用效果。按《产品展示规范》标准、规范展示产品POP等工具，突出宣传产品，提高顾客的注目率，引起顾客的兴趣，否则视为违例。

（注：本项目评价标准占总评价标准的5%）

5. 现场抽查情况。上级主管按《促销员手册》要求进行定期或不定期的抽查，在抽查中检查在促销过程中与顾客的交流情况及产品展示，POP宣传的规范情况，如有违反，则视为违例。

（注：本项目评价标准占总评价标准的5%）

二、考核标准

促销人员考核标准

项目	评价标准	得分
销量	完成率×65	
促销活动	积极申请并提报开展促销活动	5
	按规定及时开展促销活动	3
	延期开展促销活动	2
	不按公司规定开展促销活动	0
报表完成情况	相关报表准时完成	5
	销量汇总报表未完成	3
	调查报表未完成	2
	调查报表、信息反馈报表未准时完成	1
	所有报表均未准时完成	0
现场陈列	产品和 POP 展示正确无误	5
	产品展示未遵从《产品展示规范》	3
	POP 未遵从《产品展示规范》	2
违规情况	无	5
	轻微违规	3
	严重违规	0

三、考核结果评估及应用

1. 综合评定指数的确定（以综合评价满分100分计算）

评价指标	实际销量完成情况	促销活动	报表完成情况	现场展示状况	抽查情况	综合情况
各评价指标所占分值	65	10	5	5	5	100
实际得分值	A	B	C	D	E	=

综合指数=（A+B+C+D+E）/100=P%

其中：

A=实际销量/任务销量×65（分）；

B、C、D、E 的值为按评分标准所得的实际得分；

B、C、D、E 的得分情况由促销员主管依据标准评分所得。

2. 月度奖金数=实际销售量×提成率×综合指数（P%）

举例：某促销员某月实际销售量为100万元，公司给予的提成率为3%，而促销员当月绩效考核得分为80分，即综合指数为0.8，则该月促销员奖金数=100万元×3%×0.8=24000元。

案例

GGG 公司（通讯）促销员考核

——GGG 公司促销员考核管理办法

促销员的考核以销量考核为主，日常工作考核为辅，具体形式由底薪+达量奖金+全勤奖金+表现奖金四部分组成。

1. 底薪：连续三次被评为促销明星者，基本工资可上调 50 元，直至底薪上调到 1000 元；优秀促销人员根据具体情况由分公司市场部向总部申请。

2. 达量奖金：月初给促销员所在店下达基本任务量，达量 100% 给予达量奖金 500 元，若不能完成基本任务量，按照实际销售量/目标任务量的百分比获取达量奖金。如促销员超额完成任务，按照达量 100% 以上超过部分以 10 元/台计奖。

3. 全勤奖金：按促销员在所在零售店的出勤情况发放，无任何迟到、早退、缺勤（含事假、病假）的促销员可享受全勤奖金，否则无奖金（不按照比例发放）。

4. 表现奖金：由各分公司市场部每月根据销量任务完成率、零售大环境、工作报表的完成情况及店面布置等方面综合考虑，予以发放。按照评分制度由公司市场督导进行评分，满分 100 分。工作表现获优秀等级（90～100 分），可获表现奖金 200 元；良好等级（70～89 分）获 150 元奖金，合格等级（60～69）获 100 元奖金。

5. 连续三周周考核排最后一名或两个月不能完成基本任务量 50% 销售任务者，公司将予以辞退处理。

8-4　激励

促销员这个群体有其特殊性：学历不高，收入较低，晋升机会不多，没有太大的理想与抱负，工作枯燥、辛苦，而且还都是编外员工。然而，就是这样一群人却承担着产品终端销售的重任，在很多门店产品都是靠他们卖出去的，如果没有他们，就无法实现产品的终端销售目标。

那么，面对这样一个群体，该如何激励他们去提升销售业绩呢？

“胡萝卜加大棒”是传统的激励方式。所谓“胡萝卜”，就是通过高额的奖励，刺激促销员多卖货；所谓“大棒”，是指通过严厉的处罚，迫使促销员多卖货。“胡萝卜”一般有终端销量绝对量排名奖、完成率排名奖、增长率排名奖、超额完成任务奖等；“大棒”一般有降薪、奖金归零、末位淘汰等。

促销员的学历不高、收入不高、工作辛苦，而且还是编外员工，这些特殊性使得他们更加渴望被人关心、被人认同以及被人尊重，所以除了“胡萝卜加大棒”，我们还需要关注对其精神层面的激励。在实际的工作中，我们需要关心促销员，给促销员更多的关怀，生日时给予祝福，生病时给予慰问，遇到困难时给予帮助，取得成绩时给予表扬；同时还要给促销员更多展现自己的机会，例如星级评比、年度/季度评优、销售竞赛等，并要给予一定精神层面的奖励，例如总经理特别餐、经验分享、照片张贴、锦旗、徽章、奖状等。

另外，由于自身学历、工作经验及能力的限制，使得促销员在职场上难以得到很好的发展，所以他们中的大多数也就没有太大的理想与抱负。在实际操作中，对于优秀的促销员，我们可以加以培养，给予更多的晋升机会，例如客户代表/销售代表、市场专员/督导、促销员主管、其他岗位等，以满足其个人发展的需求，激发促销员的工作积极性。

在分销实践中，“胡萝卜加大棒”是激励促销员的外在动力，而精神以及个人发展层面的激励才是激励促销员的内在动力。内在动力和外在动力缺一不可，只有内在激励与外在激励双管齐下，才能促进促销员不断提升销售业绩。

案 例

HHH 公司（家电）促销员激励

——促销员激励方案

一、星级促销员

1. 一星级促销员：试用考核合格，终端建设符合公司要求。促销员基本工资为____元、电话费____元、基本提成2%（单品加提但一定要定任务），任务以季度为单位制定，各区制定好上交备案。

2. 二星级促销员：终端建设符合公司要求，工作积极，产品技能考核合格。

3. 三星级促销员：终端建设良好，工作积极，产品技能考核良好，会管理使用临促。底薪加60元。

4. 四星级促销员：终端建设优秀，工作积极，忠诚度高，在公司工作两年以上，产品技能考核优秀，会管理使用临促，能独立与卖场负责人沟通以及搞好客情关系，会组织学习培训。底薪加80元。

5. 五星级促销员：终端建设优秀并有创意，高度忠诚，在公司工作两年半以上，产品技能考核优秀，会管理使用临促，能独立与卖场负责人沟通以及搞好客情关系，能独立组织和协调好活动并开展，会组织学习培训。底薪加100元（公司业务主管储备人员）。

（三星级以上者给予制作标牌）

二、月度销售达成率奖

根据每月任务和实际销售计算并进行排名，取每月达成率前两名。第一名：奖金200元或赠品一台；第二名：奖金100元或赠品一台。

三、季度终端建设优秀奖

以终端产品摆放、卫生、POP、演示持续性作为检验标准，终端布置有新意。根据平时对终端检查做评定。评定人员为营销中心人员、代理商。季度最佳终端建设奖共2名，奖金200元。

四、年度最佳销售奖

按照年度每个终端实际销售数额统计排名，年度最佳销售奖共2名，奖金300元。

五、年度最佳终端建设奖

根据季度最佳终端建设奖考核，必须获得年度中3个季度的最佳终端销售奖励方可确定为最佳终端建设奖并工作满一年以上。年度最佳终端建设奖共2名，奖金300元。

六、年度优秀促销员

终端年度销售额在35万元以上，至少获得过一次季度最佳终端建设奖励，具有很高的忠诚度，工作态度积极，产品知识考核全部为优秀并工作满一年以上。

案例

III公司（通讯）促销员激励

——促销员激励方案

1. 年度优秀促销员、年度销售之星、全国销售之星、年度“白金促销员”、“钻石促销员”等；

2. 季度优秀促销员总经理特别餐；

3. 2年以上促销员，年度评估B以上，增加每月100元的工龄工资；

4. 促销员生日，举办生日会或赠送小礼物；

5. 优秀促销员分公司年度总结会上经验分享；

6. 优秀促销员转为SR或客代或其他岗位；

7. 季度优秀促销员照片张贴在公司员工园地上；

8. 每月推出2名优秀促销员，在企业内刊进行专题报道；

9. 在促销员所在店，授予优秀促销员锦旗；

10. 给不同星级促销员佩戴体现星级的徽章；

11. 给季度优秀促销员印制名片（少量，20张左右），名片上有其照片和获奖名称；

12. 春节、五一、中秋、国庆、圣诞及元旦对促销员进行节日慰问；

13. 给年度、季度优秀促销员家属寄贺卡；

14. 给优秀促销员申请公司邮箱，能收到分公司群发邮件，能上公司信息平台；

15. 给优秀促销员颁发“公司销售顾问”证书。

第九章 店面人员

在分销实践中，店面人员是否主推、是否熟知产品，是影响产品终端销量的重要因素，发动店面人员销售包括客情关系、店面培训、主推考核、终端奖励、销售竞赛等内容。

销售部：从店员到店长，客情的维护必须做到位，这样产品才不会在店里断货或不卖，自己的产品才能得到重视和主推。

销售部：做销售人是关键，一个门店的成败关键在于是否有核心的人；如何在一个门店甚至一个专柜培养一个自己核心的人，应该成为客户代表的基本技能，也应该成为考核的基本点。

商务部：除促销员外，对于店员的产品知识培训以及与店员、店长、店主的客情关系，对终端实现销售也都是非常重要的，特别是对店员的产品知识培训非常重要，人家都不知道产品特性和卖点就算关系好又如何帮助推广。

商务部：利用公司的有限资源和客户组织各种促销活动进行店内主推。

客户代表：找到自己的核心店员，平时多注重搞好与店员的关系，因为他们才是一线真正卖货的人。通过日常的拜访来加深感情，争取对方的信任，适当给些销售的奖励来拉近关系，争取顺利地执行公司的店奖并形成良性运转。

客户代表：新产品上市前，对店主、店长、店员、促销员做好宣导，让尽可能多的人了解新产品的功能及卖点。

客户代表：与客户达成共识，每周或每月定出主推产品，有重点、有目标地销售，做到这一点的前提是要有很好的客情关系做铺垫。

客户代表：终端礼品及时到店，市场部可以考虑制作一些实用礼品做为店员奖励，不一定所有礼品都是给消费者的。

促销员：在软终端方面，如果能调动店内所有人的积极性是最好的，可以做许多的终端奖励，调动店员的主推，然后开展一些个性化活动，加快终端的流速，达到终端作业的目的。

促销员：很多公司都给了店主很多好处，以保证各型号产品在店内的主推，极大地加强了软终端的影响力，使终端作业更加具有影响力。一句话，我认为在终端开展活动是很重要的。

9-1　客情关系

本节中的客情关系是指同店面人员建立良好的个人情感关系，包括店主、店长、组长、店员等。

通过良好客情关系的建立，能够增强店面人员对厂商或供货商销售人员的好感，而店面人员这种对厂商或供货商销售人员个人的好感很快就会转化为对其产品的热爱，并会将其产品作为他的第一推荐产品，这就是客情关系所能达到的最终目的。

那么，我们该如何同店面人员建立良好的客情关系？

第一，增加拜访次数及频率，混个脸熟，成为熟人；

第二，找到共同话题，建立沟通基础，产生情感共鸣；

第三，做一个诚实守信的人，建立个人信任感；

第四，帮助解决各种问题，增强信赖感；

第五，协助进行销售，增强责任感；

第六，成为职业顾问，帮助获得职场发展；

第七，给予全方位的人文关怀，增强情感关系。

（具体可参见第六章内容）

在分销实践中，如果能够同店面人员建立很好的客情关系，获得他们的认可与支持，甚至是主推我们的产品，那么，对于我们产品的终端销售而言，一定会事半功倍。

案例

JJJ公司（白酒）业务代表培训资料

——店面客情关系的建立

产品在零售店的货架、柜台上占的面积越大销量越大，陈列越明显销量越大，产品陈列的大小等于销量大小。这一规律早已被发现与认同。

在现实销售中，零售店特别是大卖场、大超市往往将产品按包装陈列，一个厂家、一个品牌的系列产品会出现在不同的货架上，产品陈列三原则的威力大打折扣。这时我们需要采取的措施是：

1. 经理/店长：与他们关系的良好协调是所有售点工作的基础，必须做到他们对产品的完全认可和各种工作的有力支持，可以用各种小礼品或赠品建立关系；

2. 营业员：与营业员保持良好的关系，保证营业员对本产品的高度关注；

3. 保证在自己监管不到的时候，营业员帮助及时补货；

4. 可以方便查询各种销售数据和库存数量，保证安全库存；

5. 保证营业员推荐本产品，教会他们一些产品知识。

具体做法：

1. 业务代表备有小礼品如钥匙圈、圆珠笔、名片夹、雨伞等，送给店面营业员、柜组长，拿人手短、吃人嘴软，让店员不好意思拒绝你的要求。

2. 业务代表自己动手，彻底按公司要求陈列，将货架、货柜一层一层陈列满为止，移走其他公司的产品。

3. 对产品陈列较好的店，每月给柜组长一些奖品，如家庭必需品或小孩子喜欢的食品。

案 例

KKK 公司（通讯）客户代表培训资料

——店面客情关系的建立

营业员是手机销售的代表，是手机厂家与顾客交流的关键环节，也是联系厂家与顾客的桥梁，营业员是对我们终端销售起最直接、最重要作用的人员。如何取得零售店员的信任，同其建立良好的情感关系，从而提高我司产品的首推率，是各级终端人员的主要工作。具体建议如下：

1. 对待营业员，总的原则是以诚待人，能够给他提供实实在在的帮助，使其心悦诚服，从而对终端销售人员产生好感；

2. 与营业员保持一个长期的、不间断的沟通，了解其思想动态；

3. 在与营业员的沟通中，对其工作上、生活上进行帮助，做店员的良师益友；

4. 对营业员的销售技巧和产品知识进行有效的培训，当营业员业绩不好时给予及时的鼓励，尽量多地协助营业员销售手机、清洁柜台和做终端陈列工作；

5. 为营业员争取更多提升技能的培训，为其未来发展打基础；

6. 对公司店员奖励一类的促销活动，要及时跟进和发放，掌握第一手资料；

7. 在向营业员获取信息的同时，尽快给予小礼品。

9-2　店面培训

店面培训通常是指对店面人员进行产品（销售）培训，包括店主、店长、组长、店员等。

试想一下，如果在零售店，所有的店员都对我们的产品及其销售要点一无所知，我们的产品会卖得好吗？反过来，如果所有的店员都对我们的产品及其销售要点了如指掌，那么我们的产品的终端销售又会是怎样呢？

通过店面培训，可以增加店面人员对我们产品的了解及熟悉度，可以增强店面人员对我们产品的关注度，并且还能够全面提升店面人员的产品销售能力，从而能够帮助我们提升产品的终端销量。

店面人员的产品（销售）培训内容一般包括产品知识、销售技巧和知识技巧的实际运用。其中产品知识包括目标用户、产品产地、产品特性、产品功能、产品参数、产品卖点、竞品对比、用户价值等；销售技巧包括产品销售整个步骤中所使用的技巧，主要是指了解需求、产品推荐、处理异议、达成交易等方面的技巧；实际运用是指将产品知识与销售技巧结合起来，运用到产品销售当中，有时也会提炼出相关销售话术，以利于店面人员能更好地进行产品的销售。

店面人员的产品（销售）培训一般有两种：第一种是新品上市培训，即在新产品上市前期，专门组织店面骨干人员进行集中培训；第二种是日常培训，即销售或市场人员在每天拜访门店的时候，对店面人员进行培训。前者规模较大、费用较多、专业度强，但次数较少、效果一般，后者规模较小、无费用、次数多、效果较好，但专业度不够。在实际操作中，两者相结合的情况较多。

在分销实践中，店面人员的培训非常重要，店面人员对我们产品的关注度、熟知度，以及其产品销售能力，将会直接影响我们的产品在门店的终端销量。因此，不仅要对店面人员进行统一的培训还要进行日常培训，最关键的还是培训效果。我们的销售及市场人员要努力提升自身的专业度，在给店面人员做培训之前，首先要让自己成为一个产品销售专家。

案 例

LLL 公司（通讯）店面培训

——LLL 公司 E 产品上市零售店员培训计划

名称	时间	培训地点	培训内容	培训支持
1. 产品培训暨动员大会	11 月 27 日—12 月 9 日	租赁酒店会议室	E 产品知识培训、销售技巧/积极心态培训；有奖问答	会议室租赁；联谊费用；产品鉴赏手册
2. 上市后培训	12 月 10 日—12 月 19 日	办事处会议室	公司培训资料培训	公司培训资料
3. 现场演练	12 月 15 日—12 月 26 日	办事处会议室	分两组进行产品销售现场演练	公司培训资料

培训要点：

1. 第一项培训最为重要，总部下发的费用用于场租、礼品购买和联谊。要求：

（1）邀请分总进行上市动员；

（2）邀请专业培训人员培训；

（3）根据培训会议时间长短，安排相关课程，增加店员参与度；

（4）会前印制培训会邀请函，用于客代邀请店员。

（5）购买礼品进行赠送和现场有奖问答。

主要目的：引起客户以及内部人员对产品的重视和对产品知识的了解。

2. 上市后现场演练步骤：

（1）将店员分为 A、B 两组，分别扮演消费者和店员，相互提问，之后轮换角色；

（2）设计奖励，对表现优秀的组别进行奖励；

（3）如发现更好的销售话术，及时提报给总部。

案例

MMM 公司（食品）店面培训

——MMM 公司零售店员销售话术培训内容

Q：雪糕是用纯牛奶做的吗？是不是用奶粉做的？

A：MMM 冰淇淋是用无污染的天然纯牛奶加工制作的。

Q：日期打印不清或字体粗细不一致是怎么回事？

A：1. 字头型号大小不一致；2. 油墨涂抹不均匀；3. 安到模具上的字头字面不在同一平面；4. 包装袋不平展。

Q：雪糕里有杂质是怎么回事？

A：1. 回锅料过料后未严格对管路及设备进行清洗；2. 双联过滤器有破损情况未及时更换；3. 料液过均质机时压力参数未严格执行工艺标准；4. 未定期对隧道进行冲霜，产品进入隧道，粘有杂质。

Q：雪糕买的时候已经变形了是怎么回事？

A：1. 包装机发生故障时，未及时将半成品暂存于冷库，造成融化；2. 冷藏车运输过程中冷链不能保证；3. 冷库未定期冲霜，温度波动造成产品表面冰碴现象；4. 质检人员抽检后的产品直接入库。

Q：雪糕和冰淇淋有什么区别？

A：1. 冰淇淋是以饮用水、乳品、蛋品、甜味料、食用油脂等为主要原料，加入适量的香精、稳定剂、着色剂、乳化剂等食品添加剂，经混合、灭菌、均质、老化、凝冻等工艺或再经成型、硬化等工艺制成的体积膨胀的冷冻饮品。2. 雪糕是以饮用水、乳品、蛋品、甜味料、食用油脂等为主要原料，加入适量的增稠剂、香精、着色剂等食品添加剂，或再添加可可、果汁等其他辅料，经混合、灭菌、均质、注模、冻结（或轻度凝冻）等工艺制成的带棒或不带棒的冷冻饮品。

Q：L产品糖尿病人能不能吃？

A：L产品本身不添加蔗糖，轻微糖尿病患者可以食用。

Q：稳定剂指的是什么？是防腐剂吗？

A：添加稳定剂是为了抑制脂肪上浮，MMM的产品不含防腐剂，请您放心。

Q：吃雪糕会不会发胖？

A：乳脂肪是牛奶中的重要成分之一，占3%左右，每天吃一支雪糕所带来的热量对于人每天需要的3000卡热量来说并不会使人发胖。

Q：为什么××品牌有促销活动，而MMM没有？

A：促销活动都是短期的、周期性的，MMM也会有优惠促销活动的，具体活动信息您可以关注MMM在终端的活动告知。

Q：为什么MMM经常做促销而别的品牌没有？

A：MMM的促销活动是为了回馈老顾客，增加新顾客，更好地满足消费者需求；同时MMM最近有新产品要上市，希望消费者可以尽快品尝到MMM的新产品。

Q：如果买到了不合格的产品怎么办？

A：您可以到购买产品的终端、卖场找到MMM公司的业务人员，或者您也可以拨打产品包装上 MMM 公司的免费投诉热线，MMM 会在最短的时间内给您解决。

Q：雪糕有时有苦味是怎么回事？

A：未严格按照配方配料，香精加入不正确。

9-3 主推考核

主推考核是指将产品纳入店面人员的主推考核，从而形成全店面人员对产品的主推。

试想一下，如果有店面人员关注并主推我们的产品，我们的产品销售会是怎么样？如果所有的店面人员都关注并主推我们的产品，那我们的产品销售又会是怎样呢？

产品主推考核一般有两种表现形式，一是高额奖励，二是严厉惩罚。高额奖励就是指主推产品的提成或奖金数设置得很高，远远高出其他产品；严厉惩罚是指主推产品销售业绩未达标，就会给予严厉的惩罚，例如取消奖金、扣除奖金等。对于高额奖励，面对奖励的诱惑，店面人员会主动去销售产品；对于严厉惩罚，为了逃离痛苦，店面人员也会想方设法去努力完成任务。无论是高额奖励还是严厉惩罚，都能激发店面人员去主推我们的产品。

然而，如何才能实现主推考核呢？主推考核要从店主下手，因为主推考核是店面的整体行为，通常是由店面的拥有者决定的；通过良好的客情关系以及政策牵引，可以实现店面主推，即使得店主重视我们的产品，并将其纳入店面主推考核当中；其中客情关系是基础，政策牵引是保障，然而，让店主获得更多的主推利益才是关键。

在分销实践中，如果能影响店主将我们的产品纳入主推考核，从而使所有的店面人员都主推我们的产品，那一定能帮助我们提升产品的终端销量。

案例

NNN公司（IT）主推考核

——NNN公司G产品销售主推协议书

甲方：＿＿＿＿＿NNN公司＿＿＿＿＿

乙方：＿＿＿＿＿××零售商＿＿＿＿＿

为提高甲、乙双方合作，增强双方沟通及有效跟进，做到发现问题解决问题，同时提升NNN公司G产品的市场占有率，实现乙方经营门店销售额的突破，经双方友好协商，现就NNN公司G产品在乙方门店进行主推达成一致协议如下：

一、主推时间：双方协议甲方G产品在乙方店面主推时间为＿＿年＿＿月＿＿日至＿＿年＿＿月＿＿日，共计＿＿月。

二、主推店面及地址：＿＿＿＿＿＿＿＿＿＿＿＿

三、主推任务及奖励：经双方商定，协议期间NNN公司G产品为乙方指定店面主推产品，每月销售目标乙方承诺下发到乙方营业员每月目标任务中，甲方按双方约定予以销售奖励，具体明细如下：

1. ＿＿~＿＿台，奖励＿＿元/台；
2. ＿＿~＿＿台，奖励＿＿元/台；
3. ＿＿~＿＿台，奖励＿＿元/台；
4. ＿＿~＿＿台，奖励＿＿元/台。

四、协议期间（销售量最终以实际保卡上交合格量为准）如乙方为了完成甲方规定的目标弄虚作假谎报销量，一经发现并核实，甲方有权取消相关奖励政策并处以1000元/台罚款，由此产生的后果由乙方自行承担。

五、在合作期间乙方需提供店面公共区域给甲方＿＿＿＿＿＿＿＿＿＿＿＿＿＿＿＿＿＿＿＿，吊旗悬挂＿＿＿面，另外其他广告位＿＿＿＿＿＿＿＿＿＿＿＿＿＿＿＿＿＿＿＿＿＿。

六、在合作期间，乙方必须保证＿＿＿节柜台陈列NNN公司G产品分销柜（NNN公司专柜不计算在内），乙方店员需按甲方标准陈列NNN公司G产品并做到营业主推。

七、甲方销售人员每月给予乙方营业员两次以上的相关甲方产品知识培训支持。

八、乙方保证甲方产品在乙方店面主推期间，乙方给予店员奖励同一时期内高于其他产品。

九、乙方需提供场地供甲方进行促销活动＿＿＿＿＿＿＿＿＿＿＿＿＿＿＿＿＿＿＿＿＿＿＿＿＿。

十、本协议一式两份、双方各执一份。经双方签字盖章后生效。

甲方（盖章）：　　　　　　　　　　乙方（盖章）：

授权人：　　　　　　　　　　　　　授权人：

日期：　　　　　　　　　　　　　　日期：

案例

OOO 公司（通讯）主推考核

——OOO 公司 W 产品主推合作协议书

甲方：________××零售商________

乙方：________OOO 公司________

经双方友好协商，现就 OOO 公司 W 产品的终端主推事宜达成如下协议：

1. 有效期：____年____月____日至____年____月____日。

2. 主推店面及地址：______________________________。

3. 在达到以下条款要求下，乙方向甲方提供主推总费用______元（大写）。

1）乙方提供的主推费用只能用于甲方店员奖励（如凭保卡实行单台奖励等形式），甲方负责制定店员奖励方案。

2）门店主推销售目标不得低于：______台/月（不满 1 个月的，以到货时间起折算到每天，到货时间以乙方供货当天算起）。

4. 甲方享受首单分货。

5. 甲方如未达成乙方制定的门店主推销售目标，乙方将不予支付主推费用。

6. 本协议一式两份，双方各持一份。经双方签字盖章后生效。

甲方：	乙方：
经办人：	经办人：
日期：	日期：

9-4 终端奖励

本节中的终端奖励是指根据产品的单次或累计终端销量，给予店面人员相应的奖励，根据奖励对象，一般可分为店主、店长和店员奖励。

终端奖励通常包括单量奖励和达量奖励两种，前者是指每销售一定单位数量或金额的产品，店面人员就可以获得一定的奖励；后者是指对于产品在一定时间周期内的终端销量，厂商或供货商会制定一个目标值或多个阶梯目标值，如果店面人员达到这个目标值或某个阶梯目标值，厂商或供货商就会给予店面人员相应的奖励，阶梯目标值越大，相应的奖励就越多。

每卖一定单位数量或金额的产品就有额外的奖励，或每达到一定数量或金额就有一笔可观的收入。对于店面人员来说，这样的终端奖励完全能够激发他们对产品的销售积极性，使得他们更愿意销售或多销售这样的产品，从而激励他们卖货或多卖货。

在分销实践中，很多厂商或供货商会为自己的产品销售开展终端奖励活动，而且活动形式也多种多样，有现金奖励、实物奖励、旅游奖励……有时是多种奖励相结合，这样可以激励店面人员卖货或多卖货，从而能够帮助我们提升产品的终端销量。

案例

PPP 公司（家居）店员奖励

——PPP 公司店员奖励方案

1. 店员每签 PPP 公司壁布 1 单（由经销商在订单上注明，并且由店面老板签字方可生效），传到公司，公司会有相关负责人做好统计工作，累计积分。

2. 每签出 1 单 PPP 公司壁布产品，获得积分 1 分，累计积分可兑换以下奖品：

（1）情侣杯：积分 8 分；

（2）洋娃娃：积分 10 分；

（3）女士钱包：积分 15 分；

（4）纽曼 MP4：积分 20 分。

3. 礼品数量有限，先到先得，送完为止。

案例

QQQ 公司（通讯）店员奖励

——QQQ 公司店员奖励方案

一、奖励时间

××年 9 月 29 日—××年 10 月 8 日

二、奖励范围

A、B、C、D 四大系统

三、奖励对象

零售店员

四、销量计算方式

以 PSI 系统中店员单人销量（P）计算

五、奖励细则

<table>
<tr><th>奖励产品</th><th>奖励对象</th><th>奖励范围</th><th>奖励金额</th></tr>
<tr><td>E 产品</td><td rowspan="2">零售店员</td><td>A、B、C、D 四大系统</td><td>$P<10$ 台，20 元/台
10 台$\leqslant P<20$ 台，30 元/台
$P\geqslant 20$ 台，40 元/台</td></tr>
<tr><td>F 产品</td><td>A、B 系统</td><td>$P<5$ 台，200 元/台
$P\geqslant 5$ 台，300 元/台</td></tr>
</table>

六、执行要求

要求各机构在 9 月 28 日前宣导至奖励门店的店员，并保证宣导到位，非奖励范围内的店员不要宣导。

9-5　销售竞赛

本节中的销售竞赛是指针对店面人员开展的产品终端销售竞赛，即对产品的单次或一定时间周期内的终端销量开展销售竞赛，获得名次的优胜者可获得相应的奖励。

终端销售竞赛的奖项，通常以绝对量排名和完成率排名项目为主，即产品终端销量绝对量的比较和产品终端销量完成率的比较。奖励一般分为物质奖励和精神奖励两种，物质奖励包含现金奖励与实物奖励，其中实物奖励又包含自有产品与其他实物奖励；精神奖励包含旅游、奖杯、奖状、锦旗、牌匾、证书等，通常两种奖励结合使用。

在每次销售竞赛的时候，店面人员之所以积极参与，想要赢得奖项，除了因为有一定的物质奖励，更重要的是因为那是一种荣誉，能够获得更多人的认可。当然这也是一次自身实力的展现，不仅可以提升其在厂商或供货商心目中的地位，还可以提升其在行业内的影响力，并有机会获得更多的资源。

在分销实践中，厂商或供货商经常会针对店面人员开展关于终端销量的销售竞赛活动，而这些销售竞赛对于各店面人员来说是一次次难得的名利双收的好机会，许多店面人员都会积极参与，努力卖货，力争赢得奖项、获得奖励。这样可以激励店面人员卖货或多卖货，从而能够帮助我们提升产品的终端销量。

案 例

RRR 公司（汽车配件）销售竞赛

——RRR 公司 C 产品终端销售竞赛活动方案

一、活动时间

××年 4 月 1 日—××年 6 月 30 日

二、活动对象

B 城市 4S 店

三、活动内容

在活动期间内，对辖区单店 C 产品的终端销量开展销售竞赛，按照 C 产品累计销售台数的多少进行排名，最后评出前三名给予奖励。

1. 第一名：

（1）给予管理层价值 6000 元的旅游券或购物券；

（2）给予一线员工如下实物奖励（总价值 22500 元）：iPhone 4S 1 部、iPhone 2 部、智能手机 3 部。

2. 第二名：

（1）给予管理层价值 4000 元的旅游券或购物券；

（2）给予一线员工如下实物奖励（总价值 8500 元）：智能手机 1 部、数码相机 2 台。

3. 第三名：

（1）给予管理层价值 2000 元的旅游券或购物券；

（2）给予一线员工如下实物奖励（总价值 4000 元）：数码相机 2 台。

案例

SSS公司（通讯）销售竞赛

——SSS公司终端销售竞赛活动方案

一、活动时间

××年12月1日— ××年1月30日

二、活动产品

G系列产品（G1、G2、G3、G4、G5）

三、活动对象

直供零售客户

四、活动内容

1. 每个客户设定活动产品的Sell-out总目标量（不分机型）；

2. 100%完成Sell out目标，且同期活动机型实际ST不小于实际SO 80%的客户有资格参加排名；

3. 各小区内按Sell out目标达成率排名，并按规定名额从前向后取竞赛获胜者；

4. 竞赛胜出者奖励：每名胜出客户获得1人次“金色埃及豪华8日游”。

五、附录

各小区名额

小区	名额（总计20人）
DN01	6
DN02	5
DN03	2
DN04	4
FSD+FD	3

第十章 促销活动

在分销实践中，是否有终端（消费者）促销活动，是影响产品终端销量的重要因素。终端促销活动包括路演促销、体验促销、赠品促销、价格促销、奖品促销等。

市场部：市场部开展单店促销活动或其他多样化的促销活动，帮助客户消化库存，这样客户才能再进货—消化掉—再进货，形成一个良性的销售链。

商务部：终端促销活动可以帮助人们认识产品的性能和特点，引起他们的注意和兴趣，激发他们的购买欲望和购买行为，从而达到扩大销售的目的。所以说，市场部每周搞的促销活动实际上对于我们来讲是一种资源，是武器，可以帮助我们更好地提升终端销量，从而拉动总的销量。

商务部：产品进入市场后，促销支持力度不够，终端上不予任何形式的促销支持，就会形成滞销。

客户代表：适时和有特色的促销活动是终端作业的关键补充。

客户代表：产品上市后，销量不好，导致客户对二次提货信心不足，少提或不提。这种情况下，就要整合公司和客户资源，有的放矢，进行专项促销活动，加速拉动销量。

市场督导：有效的促销活动，能有效地拉动终端销量。

办事处助理：促销方面，要看有没有吸引顾客购买商品的相应促销活动，如买赠、直降（价格）等，使顾客能有对产品的关注点。虽然促销不是销售的唯一办法，但好的促销确实可以起到事半功倍的效果。

10-1 路演促销

路演，顾名思义就是在马路上演出或表演，即厂商或供货商通过在马路上进行演出或表演来促进消费者对产品的购买，这里的马路泛指零售店外的街道（包括零售店门口）。路演是一种常用的消费者（终端）促销方式。

产品路演通常是运用节目演出、产品展示、知识问答、游戏比赛等方式来推广产品，一般在产品上市期和增长期使用较多。路演时间通常为周末或大型节假日，地点多为零售店外人流较大的街道。在实际操作中，路演可分为大型路演和小型路演两种：大型路演是指规模较大的、演示内容丰富齐全的路演；小型路演是指以产品展示内容为主的小规模路演。一般路演的规模除受场地大小限制外，也受厂商或供货商的预算限制，大型路演一般在零售店外的大型街道进行，小型路演则在零售店的门口或门前的小型街道进行。

产品路演能够在短时间内聚集人气，吸引众多消费者的眼球，树立产品形象，展示产品优势及卖点，传递产品促销信息，从而最终能够促进消费者到店内询问及购买产品。从消费者的角度来看，路演中的产品是厂商和供货商大力推广的产品，一定是个不错的产品，值得关注一下，如果是真的好，又是自己需要的，可以考虑购买。

在分销实践中，很多厂商或供货商都会为自己的产品销售开展路演促销活动，尤其是在产品上市期以及大型节假日期间，有时也会在周末经常性地进行一些小型的路演活动。路演活动能够吸引人气，在店外营造良好的销售氛围，从而促进消费者进店购买。

案 例

TTT公司（饮料）路演促销

——TTT公司F产品路演活动方案

一、活动目的

通过路演现场整体布置，宣传TTT公司品牌及F产品的产品特性，提升F产品认知度及喜好度，抢占夏季销售时机。

二、活动范围

M城市

三、活动时间

××年6月1日—××年6月30日

四、目标场次

3场

五、路演主题

XX果汁健康专家，你爱如何享受？

六、路演现场布置

略

七、路演内容

1. 舞台表演：阳光柔取舞、热带风情舞、采葡萄游戏、喝F饮料比赛+F 产品知识趣味问题及游戏互动；

2. 现场赠饮：F 产品倒杯赠饮；

3. 现场买赠促销：凡购买 2 瓶 F 产品，即可参加抽奖游戏，奖品有多功能美容镜，中奖率 10%；450mL F 产品 1 瓶，中奖率 15%；小方巾，中奖率 30%。

4. 现场游戏互动：动感单车体验区（共 4 辆），规定时间内，速度最快者获 450mL F 产品 1 箱；踩地雷游戏（约 4 平方米），规定时间内，未踩到地雷者，获 450mL F 产品 1 箱。

八、路演费用预估

单场 50000 元，合计 150000 元。(费用明细略)

案 例

UUU 公司（食品）路演促销

——UUU 公司 G 产品路演活动方案

一、活动主题

××干拌面，凉爽新“拌”法！

二、活动时间

××年 5 月 20 日—7 月 20 日周六或节假日 9：00—21：00

三、活动地点

步行街、广场、重点商场门前及高校

四、活动目的

在试吃的基础上加强与消费者对G产品的沟通，进一步提升G产品的知名度，从而帮助提升产品销量。

五、活动方式

（一）场地布置

利用帐篷、太阳伞现场造势，帐篷可张贴KT板以加强广告宣传，设置小舞台、音响。

（二）主题舞台比赛

G产品凉爽体验大赛。具体方式如下：

1. 从群众中任意选5名消费者登台参加拌面比赛，另找5名消费者做评判。

2. 评判要求：冲泡流程是否正确（5个步骤）；拌完后请5名消费者评判口味，选出1名优胜者奖卡通杯一只。

3. 在泡面过程中可向台上下的群众询问产品的相关信息。

4. 原则：鼓励参与为主，每名登台者均送扇子1把（传达凉爽）。

5. 时间：10：00—17：00每2个小时进行1次，每次比赛1种口味（任意），可控制在15分钟内。

6. 现场氛围配合：音响造势，工作人员吹哨子烘托气氛，主持人现场造势等。

7. 活动不设歌舞表演，现场通过电视、广播播放广告造势。

8. 现场促销：购买2盒即可参加现场游戏1次（奖品设卡通杯、扇子、纸巾）。

9. 活动城市：共12个城市（明细略）。

六、活动预估

1. 活动场数：共计12个城市40场。

2. 每场预估销量：80 箱（2880 元）。

3. 每场费用合计 1952.5 元，总费用 78100 元。（费用明细略）

10-2 体验促销

体验促销是指通过现场体验的方式，促进消费者购买产品的一种促销方式。

现场体验有多种方式，主要为试用、试吃、试喝、试穿等。试用可以使消费者感受到产品的性能及特点，试吃可以使消费者感受到产品的味道，试喝可以让消费者感受到产品的口感，试穿则可以让消费者感受到产品的适合度……

经过自己体验过的产品，消费者会有更加切身的感受，而这种感受有时比单纯的人员推销更具有说服力，如果消费者现场体验后感觉很好，例如试用后感觉很好用，试吃后感觉很好吃，试喝后感觉很好喝，试穿后感觉很好看……就会立刻增加他对该产品的认可度与接受度，从而会增强其购买意愿。在现场体验的过程中，终端销售人员应该给予消费者积极的引导，如果引导得当或正确，那么体验促销的效果将会更好。

当然，体验促销只适用于那些能够给消费者带来很好体验感的产品，如果你不能确定自己的产品能够给消费者带来很好的体验感，建议不要使用体验促销，否则会适得其反。

在分销实践中，对于很多产品，许多厂商或供货商都会提供一部分样品给零售店，用于消费者现场体验，以增强消费者体验感，并通过良好的体验感促进消费者购买，从而提升产品的终端销量。

案 例

VVV 公司（食品）试吃促销

——VVV 公司 H 产品试吃促销活动方案

一、活动目的

以试吃培养新的消费群，扩大 H 产品知名度，提升顾客购买率。

二、活动对象

年龄 15 ~ 35 岁之间的年轻族群

三、活动时间

××年 6 月 1 日—××年 7 月 30 日

四、活动区域

共 12 个城市（明细略）

五、活动地点

KA 系统，共 170 个售点（明细略）

六、活动方式

1. 免费试吃，试吃现场陈列试吃台，同时配合堆头陈列。

2. 每个售点做 2 周，试吃时间（人潮集中时段）为 10：30—12：00，16：00—17：00。

七、场地要求

1. 辐射力强、人流量大之 KA；

2. 试吃点尽量提供免费堆头或端架（活动期）；

3. 以场地试吃为主，场地选择在堆头旁。

八、陈列方式

1. 销售区：产品紧贴其他竞品，全口味陈列。

2. 促销台：

1）试吃台摆放于主要线上（场内请紧靠产品堆头）；

2）试吃台面放置一次性筷子、一次性纸杯、卷纸（筒）；

3）台下放置热水器、小水桶1个（盛废水）、空纸箱1个（装垃圾）等辅助用品；

4）用具及时清理，垃圾及废水及时处理，保持环境卫生；

5）空盒处理方法：撕掉碗盖，重叠放置；

6）每天需做试吃记录及销售统计（便于追踪），每天试吃之包膜须收回（便于管控）。

九、人员培训

对试吃员进行产品介绍、陈列方式、试吃注意事项、仪表要求、沟通话术等方面的培训。（具体培训内容略）

十、活动预估

1. 活动点/场数：总计170点/696场；

2. 每场预估销量：16箱（576元）；

3. 每场试吃人数预估：180人；

4. 购买率预估：60%（预估购3碗占40%，购1碗占60%）；

5. 每场费用合计142.5元，总费用96900元。（费用明细略）

案例

WWW公司（饮料）赠饮促销

——WWW公司T产品赠饮促销计划

一、活动目的

传递T产品上市信息，宣传产品特性，培养消费者口味，刺激现场购买。

二、赠饮范围

A、B、C、D、E、F、G城市

三、目标渠道及售点数

MT渠道的重点门店共计31家

四、活动时间

××年6月5日—7月26日每周五、六、日共计24天

五、活动方式

450mL T产品倒杯赠饮：NCB堆头或NCB主题端架旁

六、费用预估

1. 赠饮费用预计：744场次×450mL T产品5箱×25.58元/箱=95158元

2. 赠饮纸杯采购费：500000个×0.07元/个=35000元

3. 赠饮人次预计450000人次

4. 促销区生动化制作费：35000元

5. 消费者单页：20000张×0.6元/张=12000元

6. 促销服：70 套×200 元/套=14000 元

7. 促销员工资：37200 元

8. 提篮：35 个×50 元/个=1750 元

合计 230108 元。

案例

XXX 公司（化妆品）试用促销

——XXX 公司 Y 产品试用促销计划

一、活动目的

1. 让消费者亲身感受产品的功效和利益；

2. 使消费者对新产品的 USP 有清晰的了解，并信任产品；

3. 刺激消费者的购买欲望，实现售点销量的增长。

二、活动对象

1. 主要目标消费群：18～30 岁的青年女性

2. 次要目标消费群：30～40 岁的中年女性

三、活动地点

大型商场或 Key Account 门口及交通要地

四、活动方式及内容

1. 选择影响面广、人流次数多的商场场外，空间位置较宽敞的场合，搭建舞台。

2. 聘请有经验的理发护发师，随机邀请现场观众上台，用 XXX

公司新产品 Y 洗护发，感受新产品带来的新感觉和新变化。

3. 穿插一些舞蹈、音乐、演唱等节目，同时加入新产品功效和 USP 的问卷，或现场有奖抢答的方式。

4. 试验新产品的幸运观众，在使用以后安排用后感觉分享，并赠送试用装样品，激活现场体验的气氛。

五、活动时间及进度安排

1. 时间：

××年 3 月 23 日— 4 月 23 日时间段的星期六和星期日进行

2. 进度：

××年 3 月 24、25 两日：A 广场

××年 3 月 31 日、4 月 1 日：B 百货门前

××年 4 月 7、8 两日：C 商场

××年 4 月 14、15 两日：D 广场

××年 4 月 21、22 两日：E 广场

六、促销品

1. 喷绘画（2m×4m，留边 1m）、舞台搭架（4m×4m）；

2. 立画（0.8m×1.5m）、洗发护发用具 4 套、POP、单页；

3. 派发样品、奖品或小纪念礼品、手提袋以及其他辅助用品。

七、费用预算

总计 16 万元（费用明细略）

10-3 赠品促销

赠品促销是指消费者每购买一定数量或金额的产品，给予相应礼品赠送的一种促销方式。

赠品促销分为三种：第一种是买我的 A 送我的 A；第二种是买我的 A 送我的 B；第三种是买我的 A 送它的 B。第一种通常是买什么产品送什么产品，即加量不加价；第二种是买 A 产品送这个厂商或供货商的 B 产品，B 可以是一个与 A 完全不同的产品，也可以是 A 的配件；第三种是买 A 产品送其他厂商或供货商的 B 产品，即赠送的礼品是其他厂商或供货商的产品。

无论赠送的礼品是什么，都改变不了赠品的性质，赠品就是一种额外价值，即产品的附加值。买东西还有礼品送，而且礼品价值还很高，这会让消费者感到物超所值，进而会促进消费者的购买。如果说赠品是一种价值，那么赠品促销的关键就在于赠品价值的高低了，如果赠品的价值很低，就不会激发消费者的购买欲望，只有赠品的价值很高，才能激发消费者的购买欲望，才能达到赠品促销的目的。但这种价值不是我们所主张的，而是消费者需要或认可的价值。

对于第一种促销方式的“加量不加价”和第二种促销方式的“赠送配件”，一般都是消费者比较接受与认可的赠品，而对于其他赠品，需要慎重选择，以实现赠品价值最大化，从而才能激发消费者的购买欲望，进而促进消费者购买。

在分销实践中，厂商或供货商经常使用赠品促销。赠品促销是一种非常好的促销方式，一方面，赠品促销只是提升产品附加值，不会降低产品价格，更有利于产品的长期销售；另一方面，赠品促销能够让消费者感到物超所值，刺激消费者短期购买，从而帮助提升产品的终端销量。

案 例

YYY 公司（化妆品）赠品促销

——YYY 公司买赠促销活动方案

一、活动时间

××年 11 月 26 日—××年 12 月 28 日

二、活动目的

通过买赠促销活动，大力拉动终端销售，不断创造销售高峰。

三、活动内容

1. 独立买赠篇：

（1）凡购 YYY 润唇膏任一款，即送价值 15 元魔幻 1+1 袋包组合；

（2）凡购 YYY 润唇膏任两款，即送价值 15 元魔幻 1+1 袋包组合+价值 18 元超长炫密睫毛膏体验装（或晶钻炫亮唇彩体验装）1 支。

2. 综合买赠篇：

（1）购 YYY 任意产品满 68 元，即送产品体验装 1 支（多款任选）+价值15元多功能时尚环保袋1组；

（2）购YYY任意产品满168元，即送价值50元魔幻1+1中套装1套+价值15元多功能时尚环保袋1组；

（3）购YYY任意产品满268元，即送价值45元爱相随耳罩1个+价值60元甜心U型枕1个；

（4）购YYY任意产品满368元，即送价值45元爱相随耳罩1个+价值60元甜心U型枕1个+价值30元卡通纸巾筒1个；

（5）购YYY任意产品满468元，即送价值60元甜心U型枕1个+价值30元卡通纸巾筒1个+价值60元兔宝宝暖手袋1个；

（6）购YYY任意产品满568元，即送价值168元百变魔箱1个+价值60元兔宝宝暖手袋1个。

备注说明：

A. 润唇膏买赠和综合买赠活动独立执行，不同时享受。

B. 本活动方案所有赠品全部由厂家提供和支持。

3. 满额立送：

（1）满200元立送价值50元任选产品；

（2）满300元立送价值80元任选产品；

（3）满400元立送价值100元任选产品；

（4）满500元立送价值130元任选产品。

备注说明：

A. 满额立送促销活动可以和1、2两种买赠促销活动同时享受。

B. 本活动方案赠送部分产品由代理商和活动网点承担。

案例

ZZZ 公司（通讯）赠品促销

——ZZZ 公司 T 系列产品买赠促销活动方案

一、活动背景

1. 通过提升 T 系列消费者关注度，达到终端销量和渠道信心的有效提升。

2. 打击市场窜货、克隆机，通过促销活动形成消费者终端区隔。

二、活动时间

××年 11 月 7 日—12 月 19 日

三、活动产品及活动内容

产品	活动内容	配赠方式
T1	1G 内存卡	消费者终端配送
T2	导航车架	
T3	车充	

四、目标销量

产品	T1	T2	T3
目标销量	15000 元	50000 元	100000 元

五、活动支持

1. 物料：报纸/海报/单页/桌卡/胸贴/堆头/X 展架（物料分配明细见附件一）；

2. 礼品投放：

（1）第一批：11 月 2 日开始从配送中心发放，分配原则：分公司 11 月各机型计划占比（明细见附件二）；

（2）第二批：11 月 20 日，分配原则：根据分公司 11 月 1 日～11 月 19 日终端销量占比分配；

（3）第三批：11 月 27 日，分配原则：根据分公司 11 月 20 日～11 月 27 日终端销量占比分配。

3. 报广：

（1）投放时间：活动开展一周内；

（2）投放方式：总部统一规划，分公司自行投放，投放区域为分公司所在地及辖区内主流报纸媒体［1/4 版彩色硬广（普通报纸 1/4 版，大报可选择 1/6 版），具体报纸投放明细见后期相关文件］；

（3）投放内容：促销信息、客户名单；

（4）报样：略。

六、活动要求

1. 活动开展前，分公司需针对参与活动客户做好促销活动沟通，在公司提供报广和促销活动支持的前提下，务必争取客户提供终端陈列支持；

2. 活动期间需严格规范区域终端陈列标准，做到终端陈列效果最大化，尤其是“报广进柜”；

3. 分公司对此批促销活动物料的覆盖率必须在规划的 S/A 类门

店数量的70%以上，S/A类门店必须陈列报纸、单页、桌卡、爆炸贴在内的四种以上物料方可计为已覆盖门店，分公司需填写终端信息反馈周报表，如实反馈已覆盖四种以上物料的门店数；

4. 总部将按周监察，未达标的分公司总部将跟进整改。

附件一：《促销物料分配明细》（略）

附件二：《促销礼品分配明细》（略）

案 例

AAAA公司（饮料）赠品促销

——AAAA公司P产品买赠促销活动方案

一、促销背景

夏季临近，人的饮水量增加，同时水杯的使用频率增加，为进一步扩大P产品在T市场的知名度，特利用水杯的实用性和可携带性，加上我司库存量较大货品又即将临期，拟进行一次P产品的促销推广活动。

二、促销时间

××年6月20日—××年7月15日

三、促销地点

现代通路、传统通路中的20店，合计196家

四、促销方式

捆绑买赠，即凡购P产品一件即赠精美礼品杯（印AAAA品牌

Logo）一个

五、促销目标

10000 件

六、促销数量分配

1. 渠道分配：

渠道划分	城区现代通路（30 家）	城区传统通路（30 家）	乡镇现代通路（56 家）	乡镇传统通路（80 家）	备注
促销数量	3500	1200	3000	2300	

2. 人员、网点、数量分配：

责任人	区域	门店数量	促销数量	备注
张××	A	2	1500	
李××	B	29	1400	
王××	C	29	1400	
黄××	D	45	2200	
刘××	E	27	1150	
林××	F	35	1200	
陈××	G	29	1150	

七、促销店铺要求

1. 所有参加活动的店铺要求有独立小型堆头或 P 产品展架；

2. 活动的店铺要求有活动告知，有活动方式和活动时间等内容；

3. 每个参加活动的传统通路的店铺要求有最低60件的囤货量；

4. 参加活动的店铺要求为当地镇区销量最好，平时销售品种以高端品种为主的店铺；

5. 现代通路中要求有明显的活动告知内容和不低于0.5平方米的堆头或P产品展架，配有专职的促销人员，无专职的可变通方式；

6. 能按公司统一规定的价格进行促销；

7. P产品陈列位于醒目位置，且靠近竞品Q陈列；

8. 店主主推。

八、促销进度计划表

1. 6月20日前各区域将参加活动的店铺名称及各店预计销量报公司备案，由公司统一组织活动所需的物料（如POP、促销赠品的准备及分配）；

2. 6月20日—6月24日进行网点货源和赠品的配送，并做好赠品的发放登记工作；

3. 6月25日—7月10日进行促销，期间各区域业务人员必须加强对各活动店铺的巡查和补货；

4. 7月10日—7月15日进行各网点销售数据的汇总。

九、活动费用预算

赠品费用：杯子 1万个×3.80元/个 = 3.8万元

活动POP 200张×5元/张 = 1000元

其他 1000元

合计：4万元

10-4 价格促销

价格促销是指厂商或供货商在产品购买价格上给予消费者一定的优惠或直接降价的促销方式。

产品的价格促销包括两种：一种是优惠促销，另一种是降价促销。优惠促销是指只给价格上的优惠，而不直接降低产品价格（标价）的一种促销形式，一般可通过折扣、特价、优惠券、代金券、现金券等方式让消费者获得价格上的优惠，从而降低消费者的采购成本；降价促销是指直接降低产品价格（标价），即一次性拉低产品价格的一种促销形式，一般通过大幅降价的方式来直接降低消费者的采购成本。

价格通常是影响大多数消费者最终购买决策的一个重要因素，然而，无论是优惠促销还是降价促销，都能降低消费者的采购成本，从而能够直接影响消费者的购买决策，刺激消费者的购买欲望，引发消费者的购买行为，如果优惠或降价的幅度较大，还能吸引更多的消费者前来购买。

实际上，降价促销是一种直接降价行为，优惠促销是一种间接（变相）降价行为。降价促销一般不要轻易使用，要注意把握使用时机，因为它会拉低产品的价格，多使用几次就会缩短产品的生命周期；而优惠促销不会直接降低产品价格，却仍然可以刺激消费者购买，所以它是一种非常好的价格促销方式，也是一种常用的价格促销方式。

在分销实践中，很多厂商或供货商都会酌情使用价格促销，在市场竞争还不是很激烈的时候，通常会使用优惠促销，而当市场竞争激烈的时候，就会使用降价促销。价格促销是一种最有效的促销方式，它能够降低消费者的采购成本，直接影响消费者的购买决策，激发消费者的购买欲望，促进更多消费者购买，从而能够帮助提升产品的终端销量。

案 例

BBBB 公司（食品）价格促销活动

——BBBB 公司价格优惠促销活动方案

一、促销目的

通过开展消费者价格促销活动，提升品牌知名度，拉动产品终端销售，全面提升销售业绩。

二、促销对象

2000 家参与本次活动的商超消费者。

三、促销时间、地点、产品

1. 促销时间：××年 4 月 17 日—××年 6 月 30 日（期间包含 5 个节日、18 个休息日，共计 27 天节假日）

2. 促销地点：在全国选择 2000 家重点商超做为本次活动地点（门店明细略）

3. 促销产品：A 系列、B 系列、专供产品

四、促销方式

1. 海报促销：每档促销 4 个单品，A 系列、B 系列各 2 个，让利幅度 15%以内；

2. 惊爆促销：每档安排一次惊爆促销，让利幅度 20%以内；

3. 店内特价：A 系列安排 5 个单品、B 系列安排 10 个单品进行店内特价促销，促销让利幅度 10%以内；

4. 专供产品折价销售：生产专供产品进行促销。

五、宣传配合方式

1. 海报产品、惊爆产品陈列。至少有两种陈列方式：一是堆头/TG 陈列，且有醒目 POP 标示；二是正常排面陈列，单品陈列面不能少于 4 个，并粘贴“海报商品”、“惊爆商品”推荐标示。

2. 店内特价产品陈列。陈列在常规陈列区域最好位置，每个单品正常陈列面不少于 3 个，并粘贴醒目的特价标签。有条件的卖场，对店内特价产品进行堆头/TG 陈列，并粘贴醒目的 POP 标示。

3. 人员导购。活动期间，每店客户必须新增 2 名临时促销人员进行现场导购及产品维护，促销人员当天不得休息。活动期间，促销人员要做到形象统一、话术统一。

六、促销准备

1. 在规定时间内做好特价促销安排，不允许对促销产品提前降价及活动后延长特价时间；

2. 为公司特价产品、主导产品及特供产品提供符合本方案要求的陈列数量、陈列位置及单品陈列排面；

3. 获取品尝试吃场地；

4. 及时为公司临时促销人员办理进场及退场相关手续。

七、促销效果预估

通过此次促销活动达到的预期效果为：2000 家门店 3 个月销售额同期增长 3000 万元，公司产品店内影响力远超竞争对手。

案 例

CCCC 公司（通讯）价格促销活动

——CCCC 公司 F 产品降价促销活动方案

一、促销目的

通过降价促销提升 F 产品的终端流速，增进目标消费群体和渠道对该款产品的关注度，震慑竞争对手，加快公司和渠道库存的快速消化，最终营造良性的销售氛围。

二、促销时间

××年 10 月 20 日—××年 11 月 16 日

三、促销方式

1. 降价：原价 2980 元，现价 2698 元
2. 赠礼：随机配送精美音箱 1 个

四、目标销量

周目标：4000 台

五、物料制作

总部提供物料设计画面，分公司参照主画面延展相关降价物料，明细如下：

项目	宣传品种	宣传标准	达标要求
店内、店外	降价 X 展架、降价横幅、降价手写海报	至少一种	不少于两种，店内、专柜必须要有一种
专区、专柜	降价桌卡、产品降价促销背贴、手写海报	至少两种	

设计主画面、元素下载地址（略），分公司下载后自行延展设计，建议以柜内和柜台降价物料为主。

六、礼品支持

总部统一提供音箱，总数 5000 个（礼品分配明细略）

七、费用预算

150000 元（费用明细略）

八、相关要求

1. 所有物料由分公司自行制作，10 月 22 日之前要完成制作，24 日全部布置到零售店，27 日在终端信息反馈报表当中反馈降价信息传达事宜；

2. 价格指引下发后三天之内（10 月 23 日）价格执行到位。

10-5　抽奖促销

抽奖促销是指消费者每消费一定数量或金额的产品，就有机会抽取相应奖品的一种促销方式，奖品内容包括产品、旅游以及其他实物等。

抽奖促销一般分为两种，第一种是部分中奖式抽奖促销，第二种是全部中奖式抽奖促销。所谓部分中奖式抽奖促销，是指奖品数量较少、奖品价值较高，但中奖率较低的一种抽奖促销方式，即抽奖的结果只有少数人获得奖品，而大部分人却不能获得奖品；所谓全部中奖式抽奖促销，是指奖品数量较多、奖品价值较低，但中奖率较高（100%）的抽奖促销方式，即凡是参与抽奖的消费者，人人都能获得相应的奖品。

在部分中奖式促销中，往往奖品的价值很高，这会让消费者产生能中大奖的感觉，很容易使消费者为之心动；在全部中奖式促销中，会让消费者感到自己的中奖概率很高，虽然奖品价值很低，但却能让消费者有一种人人中奖的感觉。无论是部分中奖还是全部中奖，都能激发消费者的购买意愿，对于大多数消费者来说，如果购买一个产品还可以参加抽奖活动，那本身就是一种激励；如果能抽到奖品，那就是物超所值；如果能抽到大奖，那就更是物超所值。面对这样的物超所值，大部分消费者都会为之心动，积极购买。

在促销实践中，大部分厂商或供货商都会使用抽奖促销，抽奖促销能够给消费者带来物超所值的感觉，甚至是更多的幻想和无限可能，物超所值加上无限憧憬，更会促进消费者购买的积极性，从而帮助提升产品的终端销量。

案 例

DDDD公司（白酒）抽奖促销活动

——DDDD公司刮刮卡促销活动方案

一、活动目的

品牌宣传，产品销售

二、活动时间

××年6月1日—××年9月30日

三、活动产品

C产品、D产品

四、活动形式

DDDD公司的C产品与D产品每盒均印有刮刮卡奖券，消费者购买时即可刮奖，小奖在终端直接兑奖，大奖经公司确认后发放。

五、奖项设置

刮刮卡奖项以10万元为一组，下表为每组奖品配置。奖项设置每组中奖率达50%以上。若每次发货不足10万元，则酌情减少大奖设置，但保留所有相应小奖。

奖项	奖品	名额
特等奖	价值5000元摩托车1辆	1名
一等奖	价值1500元联想商务手机1部	2名
二等奖	价值160元时尚背包1个	300名
三等奖	280克立白洗衣粉1袋	4000名

六、兑奖程序

1. 三等奖　洗衣粉1袋（每2瓶即有1瓶中奖）

1）公司根据发货数量配备相应数量洗衣粉至经销商处，经销商根据发往终端数量按比例配备。

2）消费者购买产品刮奖后在购买点现场兑奖，终端店主（或店员）发奖后收回已刮中奖卡，中奖顾客签字确认奖品已领。

3）经销商或批发商统一收回刮刮卡及中奖者签名表交我公司确认及存底。

2. 二等奖　时尚背包1个

1）顾客中奖后携带中奖刮刮卡、刮刮卡所属产品外盒、中奖者有效身份证到我公司在当地的指定兑奖点兑奖。

2）中奖者兑奖后，由我公司或经销商收回中奖刮刮卡，填写二等奖中奖资料单，并由中奖者签名认可，每月由经销商连同中奖者身份证复印件统一交回公司总部存档。

3. 特等奖、一等奖

1）特等奖、一等奖的中奖者应由中奖地零售点负责人第一时间通知我公司及经销商，公司总部应同时获知中奖情况。我公司区域经理及经销商应马上到现场进行审核确认。由我公司负责人填写特、一等奖中奖申报单，经销商及中奖者签字。连同中奖者身份证复印件传回公司总部，经公司确认后具体奖品发往中奖地区。

2）我公司保留特、一等奖原始发票用于财务核销账目，同时配合特等奖中奖者办理相关上牌手续，中奖者自理个人所得税及其他费用。

七、相关要求

1. 经销商及业务人员应严格按已订程序执行兑奖，不通过公司审核发放大奖，由责任人自行承担一切损失。

2. 当地市场严格按所宣传的奖项执行，不得擅自更改奖品及奖项，否则由操作人自行承担损失。

案 例

EEEE 公司（食品）抽奖促销活动

——EEEE 公司刮刮卡促销活动方案

一、活动目的

通过消费者买赠活动，推动公司淡季销量提升。

二、活动产品

A 产品、B 产品

三、活动时间

××年 2 月 7 日—××年 2 月 28 日

四、活动区域

H、I、J、K 城市

五、活动地点

各城市商超点：卖场、连锁超市。(明细略)

六、活动形式

在活动期间，消费者现场购买 EEEE 公司促销产品 1 箱，即获赠刮刮卡 1 张，现场刮奖，多买多赠。

七、奖项设置

奖项	奖品	数量	备注
一等奖	方正数码相机	1 台	中奖率 600 箱 1 个
二等奖	方正 MP3	1 台	中奖率 80 箱 1 个
三等奖	健康牛玩偶或马克杯	1 个	中奖率 100% 中奖

八、活动目标

62400 箱

九、活动宣传造势

1. 促销人员宣传：商超每天每点安排 1 人。

2. 活动现场造势：每个商超点至少 1 个促销台、1 个易拉宝、1 把大伞、活动告知海报、现场产品展示与陈列（A、B 产品各 6 箱）。

十、费用预算

186500 元（费用明细略）

吕方兴经典语录

1. 会总结的人，才是一流的人才。
2. 选你所爱，爱你所选。
3. 缺了激情，你将什么也做不了。
4. 你的胸怀有多大，就能成就多大的事业。
5. 你的成就，与你所经历的挫折、失败、苦难的次数及痛苦指数成正比。
6. 最大的成功，就是因帮助别人成功而获得自己成功。
7. 有失有得，大失大得，小失小得，不失不得。
8. 财富的多少，取决于你拥有赚取多少财富的能力。
9. 站得高才能看得远，挖得深才能看得透。
10. 敢想别人不敢想，敢说别人不敢说，敢做别人不敢做，你就不是一个常人。
11. 瓜熟落地，麦熟低头。
12. 少提意见，多提建议。
13. 感恩生命中的每一个人、每一件事。
14. 人与动物最大的区别在于人会思考，而人与人最大的区别在于思考力的不同。
15. 逻辑能让你有说服力，系统能让你把握整体，战略能让你控制未来。
16. 思考力=“为什么?”+“如何做?”
17. 想明白，才能做到位。

18. 不停地思考，终有一天你会开悟。
19. 同高手过招，你才能成为高手。
20. 做事的最高境界，就是“第一次就把事情做对，一次性就把事情做好”。
21. 统筹学，能够帮助我们提高工作效率。
22. 适用的才是最好的，适用=适合+有用。
23. 把复杂的问题简单化，就像女人瘦身、减肥那样。
24. 生活中的点点滴滴，都是我们学习的对象。
25. 80%人都选择的那条路，将是一条错误的路，因为走的人太多了，竞争就越来越激烈了。
26. 特色才能突显你的比较竞争优势，将特色进行到底就能构筑你的核心竞争力。
27. 探寻事物的本质、把握其运行的规律，进而就能预测其未来。
28. 不在于你说了多少，而在于你做了多少；不在于你做了多少，而在于你做得到不到位。
29. 不在于你学了多少，而在于你收获了多少；不在于你经历了多少，而在于你悟到了多少。
30. 无声胜有声，无形胜有形，无招胜有招，这是高手的境界。武功高强的人，一片树叶也能杀人。
31. 看山是山看水是水——看山不是山看水不是水——看山还是山看水还是水，事物终究会回到它原来的样子。
32. 走在正确道路上的坚持，才是正确的坚持。
33. 世界上不缺有梦想（目标）的人，缺的是能把梦想（目标）变成现实的人。
34. 目标难以实现的根本原因，就是“只有目标没有路径”。
35. 有了路，目标还会远吗？有了路，梦想就能成真。
36. 战术难以解决战略的问题，部分也解决不了整体的问题，系统的问题要靠系统才能解决。
37. 战略=目标+路径，战略就是要回答好“到哪里去”与“如何去那里”两个问题。

38. 战略的本质就是放弃，即拒绝诱惑、决定不做什么。
39. 什么都想要就等于什么都要不到，什么都想做就等于什么都做不了。
40. 你的现在就是你的过去，你的现在又是你的未来。
41. 你现在做的每一件事，都与你的未来有关。
42. 战略需要看饭下菜，也需要吃着碗里、看着锅里、想着田里。
43. 方向对了，撒腿就跑；方向错了，跑得越快死得越快。
44. 战略是看你的方向对不对，创新是看你能不能持续发展。
45. 营销的本质，是一种供求关系。
46. 给我一个支点（需求），就能撬动客户。
47. 客户需求的 5 个境界：了解、挖掘、引导、改变和创造需求。
48. 销售无常心，以客户心为心。
49. 不要用你的思维方式去销售，要用客户的思维方式去销售。
50. 真正的价值，不是我们自己说的，而是客户真正感受到的或者认同的价值。
51. 不怕你不买，就怕你没问题。
52. 个性化解决方案，就是卖智慧。
53. 销售三部曲：困难（问题）—需求—解决方案。
54. 高价值，才可以让你高价多销。
55. 像追求初恋情人那样开发新客户，像经营婚姻那样经营老客户。
56. 超出期望、创造感动，才能获得客户忠诚。
57. 销售的最高境界，就是“客户转介绍”。
58. 没有卖不出去的产品，只有卖不出去产品的人。
59. 多问、多听、少说，你离成功销售就不远了。
60. 如果头三次你都能兑现承诺，第四次即使犯了错误，客户都会替你找借口；如果第一次就食言，你可能就会永无翻身之日。
61. 治病于未发是事前控制，治病于微发是事中控制，治病于已发是事后控制，治病于膏肓则是无药可救。

62. 一流的领导者拥有许多追随者，二流的领导者能让员工自动自发地做事，三流的领导者只能命令下属做事。
63. 教学相长，教也是一种学。
64. 新瓶装旧酒、旧瓶装新酒、新瓶装新酒都是创新，关键是你会采用哪一种。
65. 人们经常会变换口味，审美疲劳，甚至喜新厌旧，所以我们不得不断创新以适应变化。

图书在版编目（CIP）数据

1 张图分销管理 / 吕方兴 著. —北京：东方出版社，2014. 4
ISBN 978-7-5060-7397-4

Ⅰ. ①1… Ⅱ. ①吕… Ⅲ. ①分销 Ⅳ. ①F713. 1

中国版本图书馆 CIP 数据核字（2014）第 067016 号

1 张图分销管理
（YIZHANGTU FENXIAO GUANLI）

作　　者：吕方兴
责任编辑：申　浩
出　　版：东方出版社
发　　行：人民东方出版传媒有限公司
地　　址：北京市东城区朝阳门内大街 166 号
邮政编码：100706
印　　刷：北京京都六环印刷厂
版　　次：2014 年 6 月第 1 版
印　　次：2014 年 6 月第 1 次印刷
印　　数：1—6 000 册
开　　本：710 毫米×960 毫米　1/16
印　　张：15. 5
字　　数：130 千字
书　　号：ISBN 978-7-5060-7397-4
定　　价：38. 00 元
发行电话：（010）64258117　64258115　64258112